2020武漢肺炎攻防最前線

戰疫

鐵人部長陳時中
與台灣抗疫英雄們

黃光芹——著

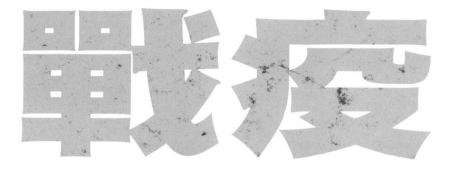

除夕夜，我和時中在疾管署渡過！

陳其邁（行政院副院長）

我和時中的個性很不一樣，我快、他慢。我的外號叫「快快快」，他處理事情則慢條斯理。

我的脾氣不好，有時候會罵人；他則個性溫和，甚麼話都慢慢講。

中央流行疫情指揮中心一月二十日三級開設，當時指揮官是疾管署長周志浩。我擔任行政院副院長期間，很少到衛福部走動，總統大選前，有幾次因為討論長照問題，跟他有比較多的接觸；另外則是非洲豬瘟來襲，我和他與蘇院長，透過跨部會協調，一起把疫情擋下來。我們在機場設「發燒篩檢站」，三個人經常跑去看。這個模式一直沿用至今，還很受用。

二〇一九年十二月三十一日，我在辦公室召開跨部會議啟動防疫，時中以衛福部

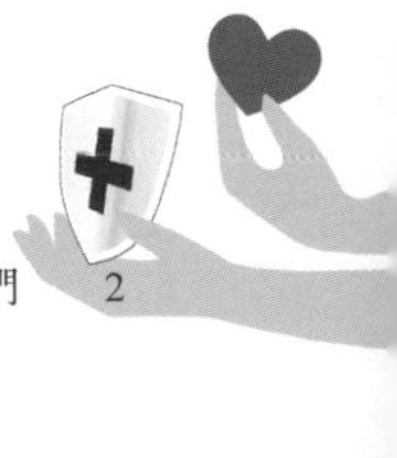

長身分參與。

以往，他多半處理執行面，等我們正式成為防疫夥伴之後，也大多由我做決策、他去執行。整個防疫團隊我都熟，其中有幾位還是我的同學。

我最佩服時中的一點是，他做報告，幾乎可以不看資料，再艱澀難記的數字，他都可以背起來。

他和周志浩的口才原本不好，一開始的時候，他召開記者會，說話不太流暢，經過五、六次之後，我發現他越講越順，就跟蘇院長建議，時中說話給人一種溫和、實在的感覺，民眾很信賴；尤其他公布疫情，好的、壞的全講，是個很好的發言人，乾脆以後甚麼事都讓他講，讓時中講、天天講。

一月二十一日首例女台商確診，我們開始緊張，接下來乾脆以疾管署為家，連過年，我們都在疾管署過，我們把那裡當成戰鬥單位。美花（經濟部政次）下令管制口罩，我從小年夜開始，就在處理口罩問題。當我到院內，他就耗在疾管署，從早到晚，只有晚上去瞇一下，一天睡不到幾個小時。

大年初一，我要他找健保署長李伯璋，健保卡加註旅遊史，他只花三天的時間就搞定，年初三就上線了。

時中很有責任心，二月三日首班「武漢包機」飛回來，其中一個集中檢疫所在台中，他說非得親自去一趟，否則他不放心。結果這一去，弄到天亮，他一晚沒睡，他的「鐵人」稱號就是這樣來的。

我看陳時中後續還有很多故事，就讓我們拭目以待。

推薦序二

我們還只能過「半正常」的生活！

莊銀清（柳營奇美醫院榮譽院長）

二〇一九年十二月，當疾管署陸續從社群媒體得知中國武漢發生不明原因肺炎個案，加上看到武漢市發出的相關公文，於是武漢市相關單位要求各國醫療單位，向武漢市政府通報個案，台灣疾管署覺得事有蹊蹺。

疾管署根據各種新興或法定傳染病的標準作業程序（SOP），第一步立即召開專家會議，我有幸能夠參與。會議中，我們先針對所蒐集到的資訊交換意見，提出可能的因應對策、管制和配套措施，並且做成決策，向政府提出建議。

台灣因為有二〇〇三年SARS的慘痛教訓，所以對於新冠肺炎疫情嚴陣以待，不管是疾管署、各縣市政府衛生單位、各醫療機構，都能在第一時間配合執行各項防疫措施，並且隨著疫情變化而進行滾動式檢討。

民眾也因為具有高度警覺心，所以願意在疫情指揮中心的帶領下，井然有序配合抗疫。這或許都是台灣抗疫有成的力量。

為了防止境外移入，政府即時採取入境管制措施，對內盤點防疫物質與醫療量能的不足，加強整備，速度之快，不僅驚豔國際，我也與有榮焉。

隨著疫情逐步擴散，影響層面及於全球，疫情指揮中心的功能隨之擴大，參與的部會也越來越多；除了民間、醫療單位、地方與中央政府通力合作之外，學術研究的積極投入，以及政府巧妙運用已經成熟的資訊系統……，這些關鍵力量的結合，為台灣擋住第一波疫情。

問題是，致病病毒 COVID-19 是個「超完美」病毒，發病前即有感染力，無症狀感染者發病期甚至長達數週，加上死亡率高、又不至於馬上致人於死，稍有不慎，很容易引發社區感染或造成院內感染。尤其，群聚感染若發生在長照機構，很可能引發長者、慢性病者的高致死率……。

因此，在有效疫苗和藥物尚未出現之前，全人類都必須防範 COVID-19 的反撲，頂多只能過「半正常」的生活。台灣雖然躲過第一波疫情，但還是必須等到各國疫情趨緩，才能正式恢復正常生活。

正當歐、美諸多醫療先進國家，尚深陷 COVID-19 病毒感染的泥沼當中，台灣已連續二十八天零本土病例（截至二〇二〇年五月十一日），指揮官陳時中這時候宣布將推行「防疫、旅遊、安心飲食，希望民眾放心、玩得開心」方案，讓全民分享共同「抗疫」的果實。

我們不獨善其身，甚至將成果分享出去，捐贈防疫物資，幫助其他國家。如果真要我寫些甚麼，我倒願意點出這次台灣能夠迅速控制疫情的幾個關鍵因素，作為未來台灣共同防疫的寶貴資產，分析如下：

一、超前部署：行政團隊從二〇〇三年SARS記取慘痛教訓，從中學習到許多寶貴、務實的防疫經驗，進而發揮效能，提前準備。

二、台灣人民信任政府：全民遵守指揮中心決策，確實執行戴口罩、勤洗手、保持社交距離等防疫作為。

三、高水準的醫療設施與人員：醫療人員、公衛系統和疾管署，從中央到地方充分合作。

與大家共勉之。

推薦序三

感恩台灣有一個陳時中！

謝金河（財信傳媒集團董事長）

從農曆新年迄今，台灣的命運和你我的生活，好像被一個人連結起來，台灣的氣運也隨著他變化，這個把大家凝結在一起的人是衛福部長陳時中！

他帶領全民共同抗疫，而且制敵從嚴，一開始就拉高警戒，從湖北武漢華南市場一開始傳出疫情，台灣在第一時間提醒WHO（世界衛生組織）正視這個病毒，同時也以二〇〇三年抗SARS（嚴重急性呼吸道症候群）的經驗，拉出高規格的防疫陣線，每一步都是險峻的難關，但防疫作戰團隊一步一腳印，盯住每一個環節，讓台灣得到全世界肯定，國人也逐漸重建信心，台灣社會也熱烈討論陳時中。

全世界都還在驚魂未定之時，台灣的陳時中部長卻成了安定台灣信心的磐石，很多人看到陳部長每天指揮若定的疫情報告，信心安定不少。

有專欄作家描寫陳時中得人心有五項特質，包括「溫、重、中」，也就是語氣溫和、態度穩重、內容中肯；還有「謙虛不邀功」，他信任專家並委以重任，像張上淳副校長的兩個兒子涉入出國風波，但他仍然力挺；而且他「做事不作秀」、「真性情流露」；更重要的是，他在關鍵時刻「展現專業度」，這些特質讓他贏得全民的心。

做事不作秀顛覆政壇　暖男變英雄

過去一百多天，台灣的民眾已經很習慣在每天下午兩點鐘左右，或打開電視，或打開手機看網路直播，大家除了看確診病例，也緊緊盯住陳時中部長的每一句話，而且，也透過他與記者的對話，看陳時中對每一個問題的靈活應對，大家也從記者會中得到更多的防疫知識，每一個人不知不覺中都成了「順時中」？

陳時中部長優異的表現，也讓政府行政部門得到民眾高度肯定。先前在「台灣民意基金會」的民調，陳時中部長獲逾八十四%肯定，蔡總統及蘇內閣也都拿到高評分；最近TVBS民調，陳時中部長更獲逾九十一%民眾肯定，幾乎得到全民肯定，是史上罕見的，台灣的政壇已經很久沒有出現備受民眾肯定的政治人物了。

陳時中部長展現了一些特質，他有好的醫學專長，還有父親留下來的法學底蘊，再加上他謙虛、暖男的形象，每一個小動作都贏得人心，例如有護理學生送他蛋糕，他會調皮地說：「我的頭，不敢吃。」但是碰到有人不遵守檢疫規定、深夜跑趴，他也會疾言厲色地說：「不識相、不怕死，一定會重罰！」自然不做作，這是他得到全民信賴很重要的起點。

在「陳時中現象」背後，有幾個重點值得思考：一是從企業治理到國家治理，企業得到肯定，國家及政治領導人得到肯定，他們都必須交出成績單。台灣防疫表現得到全世界肯定，讓台灣的能見度大為提升，也讓台灣人產生光榮感與幸福感。過去我們經常怨嘆身為台灣人的悲哀，這回覺得當台灣人有光榮感，這是台灣防疫出色帶給人民的光榮感，身為防疫主帥，陳時中將會變成英雄人物。

陳時中現象，也為小英總統未來四年執政鋪下一條順暢的大道。身為國家領導人必須很精準用對人，陳時中能從台大幫主導的公衛體系脫穎而出，仍得歸功推薦他的人及小英總統對他的信任，因為在疫情之初，政壇有傳聞衛福部長易人，陳時中改任政務委員，現在陳部長已坐穩了位子，而且成了全民英雄，有人甚至戲稱陳時中是百年一遇的政治奇才。成為全國焦點人物，陳時中坦言從來沒有想過會有今天，他謙虛地表示：「在人生未了之前，會發生什麼戲還不知道！」政壇的陳時中現象仍持續發燒。

這次抗疫產生的「陳時中現象」，給台灣帶來幾十年來前所未有的光榮感與信心，在防疫及經濟大作戰，台灣還有很多艱難挑戰，但是全民若能從「陳時中現象」，引導出台灣未來發展的最重要元素，或許是全民一起努力的最大公約數，這很可能是台灣蟄伏三十年再度起錨的新契機。

最優秀的記者黃光芹女士，記錄了陳時中部長帶領的防疫國家隊的表現，她出版了《戰疫：鐵人部長陳時中與台灣抗疫英雄們》，為陳時中與他的抗疫團隊留下歷史記錄，這是一本值得典藏的好書。

目錄

陳時中

求學與當兵

建中畢業

北醫畢業

北醫畢業

北醫求學時期

陳時中

家庭

父親陳棋炎授課身影

陳時中與母親陳楊瑞豐（翻攝自陳彥安臉書）

家庭

家人出遊

家庭

夫人孫琬玲
（北市國樂團提供）

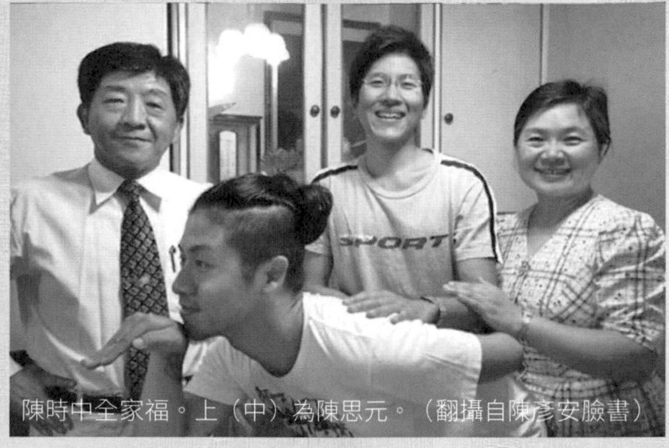

陳時中全家福。上（中）為陳思元。（翻攝自陳彥安臉書）

次子陳彥安
（取自陳彥安臉書）

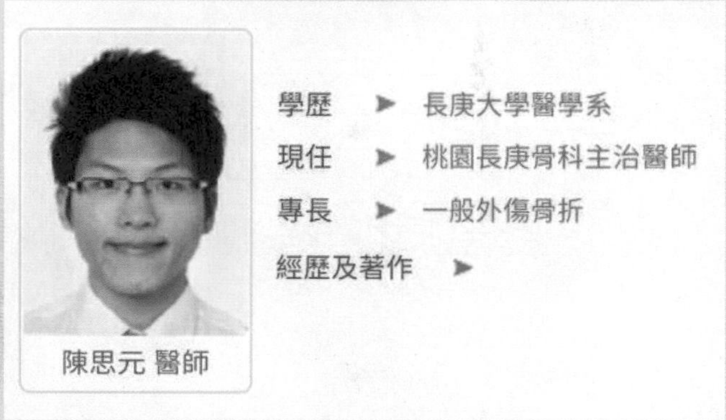

長子陳思元（取自長庚骨科網站）

家人合影

夫人孫琬玲（取自天主教輔仁大學附設醫院）

姓名：陳時中 No.35
配偶：孫琬玲
子女：陳思元
　　　陳彥安
服務單位：博齡牙醫診所
畢業後學、經歷或動向：
開業醫師
1988~1990：北區牙科校友會副會長
1990~1991：牙橋雜誌社社長
1993~1995：北市牙醫師公會理事長
1996~1999：牙醫師公會全聯會理事長

《畢業20年感言與未來的人生規劃》

長年服務於公會系統，總希望對牙醫界作出長治久安之影響，所以一直以高度理想性來規劃牙醫界之未來，也感謝同學多年來的支持。不過年過中年，還是覺得家庭是一切的根本，下一代才是我的希望。

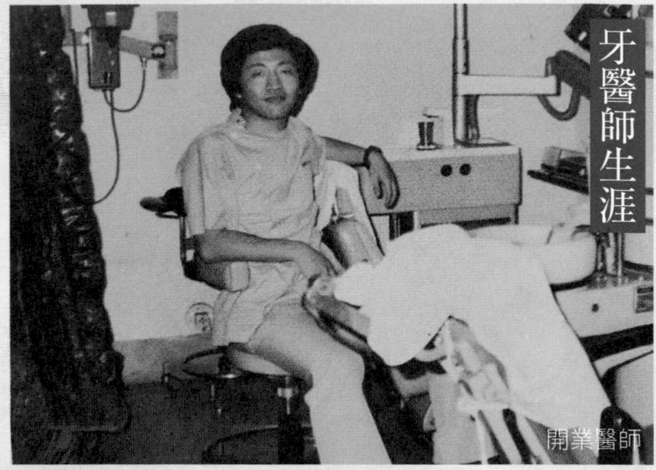
牙醫師生涯
開業醫師

跟老同學楊志元醫師放鬆喝兩杯

牙醫師生涯

陳時中為老同學蔡吉陽醫師辦退休

牙醫師生涯

陳時中

鐵人部長

張良一攝

❶～❸ 照片來源／王必勝臉書

3月 10日

09:00 抵達指揮中心看每日疫情報告
09:30 了解專機前置準備情形
11:00 確認醫護整備登機報到狀況．掌握即時狀況回報
13:30 記者會
15:00 邊境管制會議
17:30 行政院開會
22:40 回指揮中心
23:15 出發往桃機
23:50 抵達桃機
23:55 著裝進停機棚

3月 11日

00:00 華航班機進機棚
00:50 卸裝
01:05 離開停機棚
02:30 抵達A檢疫所
02:55 離開
04:10 再回到桃機
04:15 再次著裝進機棚
05:30 卸裝離開機棚
06:08 前往B檢疫所
06:35 離開B檢疫所
06:45 前往C檢疫所
07:40 確認最後一批安排妥適後離開檢疫所
08:23 回到指揮中心
09:00 吃早餐看每日疫情報告
10:00 記者會

鐵人行程。（指揮中心提供）

鐵人部長與指揮中心成員

觀賞棒球賽
（取自王必勝臉書）

照片來源／王必勝臉書
蕭照平／攝

指揮中心發言人莊人祥

口罩勒痕（指揮中心提供）

周志浩 (左) 累到打瞌睡（照片來源／ ettoday）

抗疫英雄

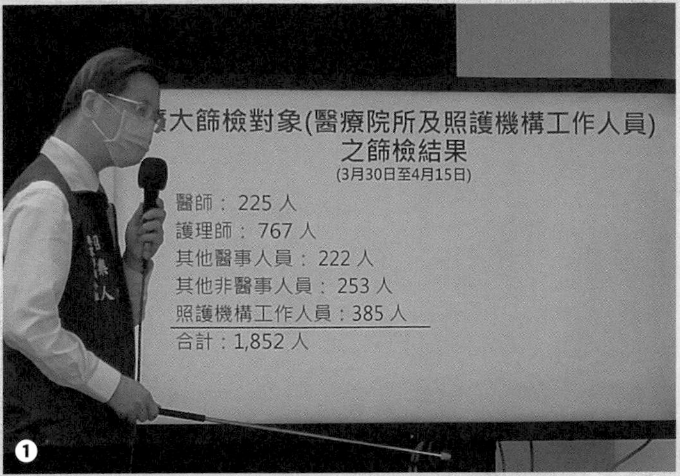

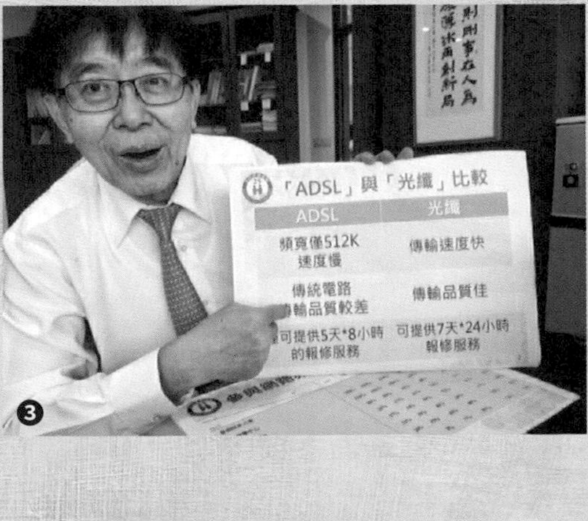

❶ 陳時中的主力幫手張上淳

❷ 口罩公會領頭羊黃金舜與筆者

❸ 健保卡神李伯璋

2

3

6

❶ 蔡英文總統慰問八里療養院護理長鄭碧蓮
❷ 唐鳳吸引國際目光
❸ 莊銀清首發到武漢
❹ 斷指女作業員與老闆鄭永柱
❺ 工具機國家隊長許文憲
❻ 不織布國家隊前鋒古思明

實驗室裡的
判官陳瓊汝

宜蘭酒廠的老兵們趕製酒精

漢子防疫令人驚艷（新北市政府提供）

藥師挺著 8 個月大孕肚賣口罩

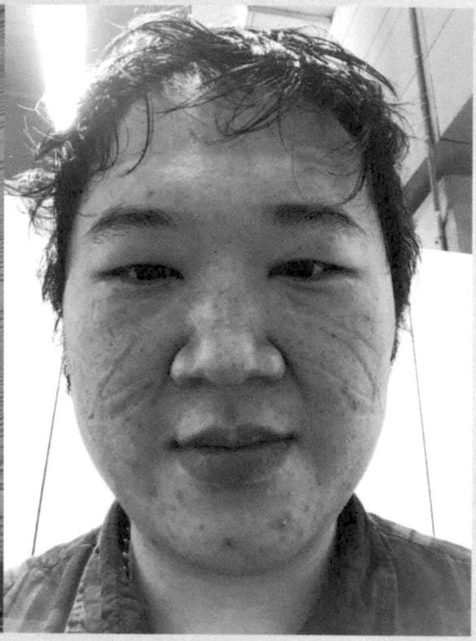

口罩地圖第一人吳展瑋　　鄒冠全醫師的光榮印記

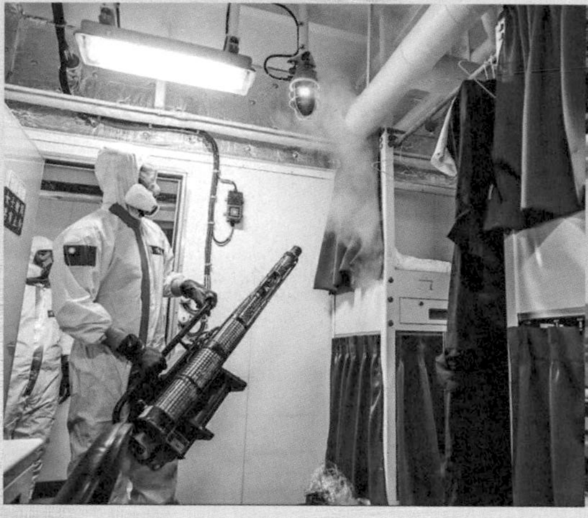

國軍化學兵上磐石艦消毒。(國防部提供)

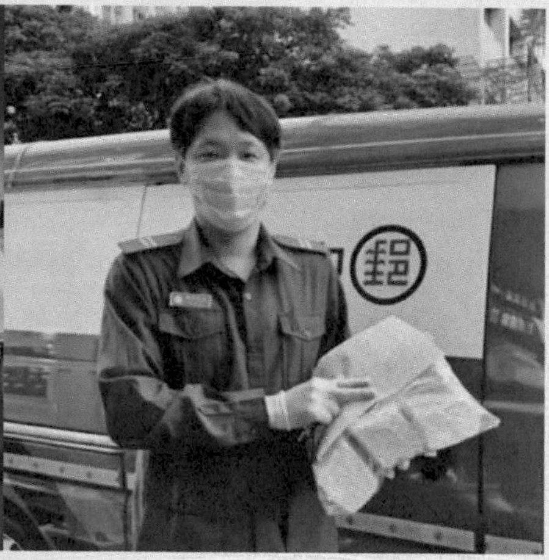

綠衣天使扛起千斤擔
（取自交通部粉絲專頁）

謝謝你！

第 01 章

青春純情夢

陳時中的父親陳棋炎，是已故台大法律系教授，也是知名的《民法》權威。父子兩人一個拒絕出仕、一個戮力從公，人生有截然不同的面貌。

陳棋炎一九二二年出生於日治時代的高雄州，一九三四年就讀於「日治高雄州立中學校」，是高雄唯一一所中學校，採「內（日）台共學」，學生一百三十六人，台灣人有四十位。

他曾經在台大擔任助教，前司法院大法官馬漢寶是他的同事，兩人當時以四年升等講師為目標。馬漢寶在回憶錄中寫道：「陳棋炎比我早一年當助教，研究『身分法』，一直追隨戴炎輝先生。」

憲法學者李鴻禧和陳棋炎同時在台大任教，李鴻禧的兒子李俊俋指出，陳棋炎比他父親早一些，陳、李兩家有兩代交往，李俊俋的姐姐還在陳時中的診所上班。

台大法律系法學組一九六七年的畢業生陳映雪撰文指出，老師陳棋炎曾經提過一個小故事，令人為之動容。有一年學期結束，他問學生有何指教？一位女學生怯生生站起來說：「老師，我送你一本筆記本，裡面紀錄這一學期來，您上課發錯音、寫錯字的更正表，希望您不會生氣。」老師不僅虛心接受，還發憤圖強，一心想把中文學好。

前檢察總長顏大和也上過陳棋炎的課，印象中他十足紳士打扮，穿著體面、頭髮有型、皮鞋亮潔，教學尤其認真。

高雄市議員康裕成一九七四年考進台大法律系，與陳長文、賀德芬、邱太三、顧立雄等人，都是陳棋炎的學生，每當他們碰到陳時中，都會提及這段淵源。陳時中父喪的時候，不僅台大教授彭明敏現身，前後任總統陳水扁、馬英九也到場弔唁。學界、政界、司法圈，頭角崢嶸的佼佼者，很多人都是陳棋炎的學生。

令康裕成印象最深的是，陳棋炎在詮釋《親屬法》中的夫妻關係，認為事實上的夫妻，不一定是法律上的夫妻，二房、三房與先生共組家庭、生兒育女、一起辛苦打拚，是事實上的夫妻，應該享有民法上相當的權利，丈夫死後還可以酌分遺產。「你知道嗎？在我們那個年代，聽到這樣的論調，其實很訝異！」

他的另外一個見解，也很特殊。陳棋炎認為，登報聲明斷絕父子關係，其實是無效的，因為親子關係無法拋棄。

「老師上課上到一半突然缺席，由代課老師代替。後來我們才知道，他中風了。等他再來上課，走路不太方便，氣息也變弱，看了令人心疼。」

陳棋炎著作等身，至今法律系學生依然援引他的出版品，當成教科書；連法務部在核釋「同性伴侶權益保障及民法『家屬』規定之適用」時，都引用陳棋炎等三人合著的《民法親屬新論》。

二〇一七年他的九十五冥誕，家屬為他出版《家族法新課題——陳公棋炎先生九十晉五冥壽紀念文集》，編輯群有陳棋炎的妹妹陳錦境、六弟陳棋型、七弟陳棋然，以及陳時中和他的姐姐陳明惠。與以往不同的是，陳棋炎過世前，每每出版《陳棋炎先生華誕祝賀論文集》，如六秩、七秩華誕，都由陳時中的母親陳楊瑞豊掛名主編。

紀念文如此定位陳棋炎的一生：「陳公棋炎先生生前專任台大法律系教授，並兼任輔大及文化大學法律系教授，講授民法親屬、繼承及物權。其教學之專注、熱忱，對學生之殷切期望，令人欽佩；其專業之學術上成就，亦榮獲教育部法科學術獎之最高榮譽。陳公雖已辭世，但仍活在大家之心中，為大家所懷念。」

陳明惠在「懷念文」中回憶，父親是個本土意識很強的人，總要全家在家時說台語。即使她與陳時中住在父親的台大宿舍，被外省人包圍，但他們倆姊弟依然會說一口流利的台語。

在陳時中心裡，父親受日式教育，對每件事都很嚴厲，教育小孩尤其是，可以說是「比日本人還要日本人」般的嚴謹，對他更是愛之深、責之切，「父親對每件事都要求精準，對時間更是要求分秒不差——差一分鐘都不可以，這對小孩子來說，是件相當恐怖的事！」

陳棋炎影響陳時中甚鉅，他的身教甚至影響到第三代。有一天，陳時中看到兒子在房門口掛了一張字條——今日事、今日畢，特別標示是「阿公說」的，他才驚覺，原來身教是有意義的！

可是陳時中的個性中，有點兒叛逆、又有點兒反體制。他對教科書的內容，不僅感覺枯燥，還經常產生質疑，認為——盡信書，不如不讀書！

他記得和父親不時爭論一個哲理。「父親是個『過程論』者，總是認為人只要努力，腳踏實地，結果一定是公平的；而我從小叛逆，偏想證明結果才重要。終父親一生，我都在與他進行『結果論』與『過程論』的隱性戰爭。」

陳時中的父親終其一生婉拒當官；作為陳棋炎的兒子，最後卻選擇「醫而優則仕」，這是陳時中與父親最大的不同。

陳棋炎在台大擔任教職，悠悠四十七載，在耳濡目染之下，陳時中對法律也相當感興趣。未料，陳棋炎教了一輩子法律，卻反對兒子繼承他的衣缽。

他自己也知道，讀法律出路不好，大學聯考總是後面的志願；而且律師一年才錄取三到五人，不好考。兩位叔叔都自台大醫學系畢業，他於是選擇向醫學系邁進。

陳時中建中高三、面臨選填志願之時，剛好班上同學傳閱當期的《時代雜誌》（*Time*），上面寫著：未來最紅的行業，第一名是律師、第二名是牙醫師……，同學看了不以為然、議論紛紛。「當時台灣普遍不重視牙醫，甚至連『師』都稱不上，好多人考到牙醫系都重考，有的還情願放棄。」

但是，陳棋炎一位留日的牙醫師好友，每天西裝筆挺、乾乾淨淨給人看診，倒是給陳時中留下很好的印象。於是腦海中滿是憧憬，對牙醫系並不排斥，並考入北醫就讀。

台中「楊牙醫診所」的楊志元醫師，是陳時中北醫的同班同學。「我們班上很多重考生，所以自成一格，我、陳時中和其他兩位同學，幾乎天天玩在一起，連解剖課都在同一組，感情很好。大一、大二學習普通科目，沒那麼緊張，我們刻意選擇班上後面的座位，這樣翹起課來比較好跑。偶爾我們也會開舞會，專找東吳或實踐家專的女生。他很平實，既沒當過班代表，也沒交過女朋友，更不曾提起他的家人。差不多大四、大五開始修專業科目，馬上就要考執照了，我們不敢再繼續玩，開始拚命讀書。」

「陳時中很慷慨，特別照顧像我們這樣從中、南部上來的窮學生。每個月才過一半，我的錢就花完了，一到週末假日，他不是帶我回家吃飯，就是請我到羅斯福路吃大碗牛肉麵，吃完還可以再加麵。所以我對他印象最深刻的就是，他家裡有很多法律方面的專書，還有就是他常常說：『走走走！來師大吃牛肉麵，我請你！』」

畢業後，楊志元和陳時中同時考上預官，一起到「衛武營」訓練中心受新生訓；

後來被分發到士林芝山岩的「衛生勤務訓練中心」。下部隊抽籤，楊志元抽到海軍陸戰隊，陳時中抽到陸軍，兩人各奔東西。直到結婚、診所開業，才偶爾聚在一起。

北醫副教授、齒列矯正名醫蔡吉陽記得，讀北醫時，他八十五號，陳時中三十七號，兩人做實驗在同一組。印象中，陳時中不太來上課，找他要到學校後面的彈子房去。他的功課沒有很好，五升六到各醫院實習，按名次分等，連他自己都說：「我是後段班！」他在擔任北醫董事期間，受邀給畢業生致詞，跟學生說：「學生時代，即使像我成績不好，只要努力，也有社會價值。」

陳時中承認，他當時不怎麼用功，直到畢業前，台大的一位高中同學寫信給他，一語驚醒夢中人：「你要拿甚麼面對橫亙在自己未來三分之二的人生？」

牙醫師考試前夕，他果然拉警報，硬著頭皮找同學幫忙，班上同學並未因他五年的疏離，而不理他，反而幫他複習，助他順利考上國考。

所以出社會以後，只要同學開口找他幫忙，他絕對義不容辭。「他頭腦好、人好、有情有義，一點兒官架子都沒有。」蔡吉陽永遠記得，幾年前，陳時中拜託他一件事，雖然最後他沒有幫成，但老同學還是當面致謝：「你幫我很多忙！」「你也沒有頒獎給我？」陳時中輕描淡寫問：「你甚麼時候退休？」「快了！再過兩年、六十五歲了，就要退了！」當時陳時中還是牙醫師公會理事長，等他以衛福部長之姿，突然出現在他的退休典禮上，他大吃一驚。「我以為他忘了！沒想到都過那麼久了，他竟然還記得！而且，他為了打聽我的送別會，先找上校友會，再透過我的同事、學生，一路打聽過來！」

退休，是蔡吉陽人生大事，陳時中不僅出席，還親自頒獎給他。末了，調侃老同學一句：「我現在以部長的身分頒獎給你，不是更好！」

陳時中後來在羅斯福路上開「博齡牙醫診所」，從此展開他的牙醫師生活。二十年後，他在「北醫牙醫學系第十二屆（六〇二級）畢業二十週年紀念冊」上，留下這麼一段文字：「長年服務於公會系統，總希望對牙醫界做出長治久安之影響，所以一直以高度理想性來規劃牙醫界之未來，也感謝同學多年來的支持。不過年過中年，還是覺得家庭是一切的根本，下一代才是我的希望。」

陳時中在二〇二〇年打了一場勝仗，在台灣享有超過九成的民意支持度，人生成就達於頂峰；遺憾的是，陳棋炎早在他入閣前，就已經撒手人寰，看不到兒子生命中散發出最絢麗的光彩。

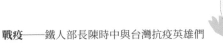

如果父親還在世的話，陳時中該怎麼跟父親論辯輸、贏？是贏在過程、還是贏在結果？

陳棋炎是在陳時中擔任牙醫師公會理事長時辭世。那一晚、半夜一點多鐘，陳時中才看過父親剛回到家、梳洗完，電話響起，令他心頭立刻湧起莫名的恐懼。果然，醫院傳來不幸的消息。

陳時中穿好衣服，快速奔向醫院，醫師要他親手拔下父親的呼吸器。沒想到他一拔，陳棋炎的牙齒全部崩落，「他生前的牙齒，都是我幫他看的，一向很好，我頓時才恍然大悟，父親生前用牙咬著呼吸器，是多麼吃力、多麼痛苦。」

接著，陳時中一針、一線，親手幫父親補著身上孔洞，心想：「不到兩個月前，父親還跟前來拜年的學生聊得很開心。他應該來醫院嗎？還是我應該讓父親多待在家裡一會兒？他會不會比較開心、比較有尊嚴？」

幫父親整理完遺體，天亮了，殯葬業者來了，大動作搬動陳棋炎的遺體，相當不尊重；等移到第二殯儀館，又隨地將他放在角落，令他相當心疼父親，他一生這麼努力、享有崇高地位，身後，竟然遭受如此待遇，他感到自責。

相反地，就像他在北醫的紀念冊上留言：「下一代才是我的希望！」陳棋炎父子最後殊途同歸，陳時中一直是陳棋炎的希望，而這個伏筆他早就埋下，且待下回分解。

第 02 章

粉紅色的愛戀

陳時中的另一半孫琬玲，家世顯赫，祖父是前高雄市議會議長孫媽諒，祖母是日據時期高雄「旗津吟社」的創始人之一，父親孫曉鐘是知名的鋼琴家。

孫曉鐘的兩位女兒，都繼承父親衣缽，雙雙走上音樂之路。孫琬玲是大提琴首席，孫巧玲是小提琴演奏家，在音樂殿堂均享有盛名。

陳時中二〇一九年五月前往日內瓦爭取參加WHA，左手戴了四十年的勞力士手錶，不小心被金光黨扒走，令他相當不捨。那隻錶是他岳父孫曉鐘，送給他和孫琬玲的訂婚禮物。

孫琬玲的祖父孫媽諒，是母校高雄苓洲國小（前身打狗公學校苓雅寮分校）首任校長，在當地頗有名望。在「過田子」（現高雄中華路和興中路口）聚落，留有兩棟日治時期的洋樓，其中一棟就是孫媽諒的。

民國四十年代，他代表國民黨出馬參選高雄市議員，每天騎著一輛破腳踏車四處拜票，順利當選議員。那個年代，議員大多只有小學程度，唯獨他畢業於師範大學，在議會表現突出，不僅輕鬆取得連任，還在國民黨的支持下，當選第二屆高雄市議會議長。

現今高雄市歷史博物館「高雄老照片」及文建會（文化部前身）資料庫中，還找得到「陳誠會孫媽諒」的照片，顯示孫媽諒在當時政壇的地位。

孫媽諒議員只幹了兩任，即棄政從商。一九五三年與杜聰明、陳啟川等人，創辦私立高雄醫學院。

孫琬玲的祖母蔡月華，創辦「旗津吟社」，是知名詩人陳錫如的十二位女弟子之一；後來另組「蓮社」，開全台閨女詩社之先，培養不少具有文學地位的女詩人，蔡月華是其中之一，代表作是《夢桂軒詩草》。

孫巧玲說，父親生前曾經重新手抄祖母的手稿，只可惜未能親自出版，後已連同祖父藏書，一同捐贈台灣國立圖書館，算是完成父親遺願。

孫曉鐘在父、母的薰陶下，涉獵甚廣，不只在文學、音樂和戲劇方面，有相當的造詣；另外在經濟、社會學、甚至醫學，也有不錯的成績。

他台大經濟系畢業，一九五四年曾發表論文〈中世紀歐洲經濟思想概觀〉，指導教授是經濟學家趙蘭坪。

一九七〇年，他遷居台北，成立電影公司，外國影片《鐘樓怪人》，就是他所引進。

孫曉鐘自幼學習鋼琴，得過全台鋼琴比賽亞軍。孫琬玲姊妹曾經連袂出席二〇一二年中研院的《仲夏夜音樂會》，與小提琴手李遠川院士及其夫人，演出弦樂四重奏，節目表上是這麼寫的：「鋼琴家孫曉鐘是李院士在台灣大學時期的好樂友，音樂情誼更是延續到下一代。」

孫琬玲畢業於國立藝專、文化大學藝術研究所，起初學鋼琴，由父親親自指導；至於大提琴，是在她進入高雄市少年弦樂團之後。

大學畢業後，她取得法國文化科技中心的獎學金，前往巴黎師範音樂學院進修，獲得該院優異室內樂演奏家文憑。返國後回母校任教，曾任台北市立仁愛國中音樂班老師；歷任台北愛樂交響樂團、聯合實驗樂團和台北市立交響樂團大提琴首席。現任台灣藝術學院音樂教師和系友會會長。

孫巧玲與姊姊同樣畢業於國立藝專，取得美國琵琶地音樂院學士、碩士，和加州大學音樂藝術博士，現任台藝大音樂系主任，專攻小提琴，對莫札特有深入研究，著有專書。

陳時中的大學同學透露，陳、孫兩人出身高雄望族，陳時中在大學時期並未交過女朋友，與孫琬玲的結合，是媒妁之言。他們在一九八二年攜手步入結婚禮堂，婚後育有兩子。

孫琬玲曾經應邀在牙醫師專刊《牙橋》——〈醫生娘看先生〉系列中撰文，認為陳時中除了忙、還是忙，看診、開會是他生活的全部，是個沒有娛樂的人，每週六靠打網球健身。

發表文章當時，大兒子十歲、小兒子三歲，兩個兒子不約而同以為，最好的父親節禮物就是「病人」和「開會」。

孫琬玲對於婚後生活感到滿意，甚至用「幸福」兩字來形容；對於陳時中把上班當成娛樂，還是小有抱怨，「婚前他蠻會支配時間，婚後我才知道，他是個工作狂。」

孫琬玲人生中最艱難的決定，就是為了照顧兩個兒子，辭去大提琴首席的職位。即使如此，她還是經常演出，不僅在疫情壟罩全台之際，參加臺北市立國樂團舉辦的直播音樂會，用大提琴撫慰人心；陳時中在任衛生署副署長期間，她也以家庭成員身分，參與台中市醫師公會所舉辦的中秋音樂饗宴。在場所有人可能有眼不識泰山，以為她只是陳時中的太太、仁愛國中的音樂老師，不知道她為家庭，做了很大的犧牲。

陳時中的大兒子陳思元，長庚大學醫學系畢業，已婚，育有一子，目前是長庚醫院關節重建科的主治醫師，曾前往費城進修一年。平常喜歡游泳，國中時期就是游泳校隊，泳技高超，在「長庚醫院游泳隊」中頗受矚目。

陳時中的次子陳彥安，一九八八年生，華梵大學畢業後，前往荷蘭愛因荷芬設計學院取得碩士學位，長期旅居國外，在英國擔任玻璃貼設計師。二〇二〇年三月，因為主動幫罷韓總部設計「洗手罷韓T」，而躍上檯面；陳時中接任衛福部長以後，連續三年到WHA闖關，陳彥安就去了兩次，不僅協辦展覽，還側拍活動。

當時陳時中跟記者說：「我和我兒子是兩條平行線，他有他的專業、我有我的專業。我們只是剛好在這邊碰頭。」

陳家人十分低調，陳思元從未上過新聞；陳彥安則在二月四日的臉書上，表達對陳時中的心疼與驕傲，並且不諱言說，最喜歡老爸那句——自己選的國籍，自己做承擔。

如果可以自由選擇口罩的顏色，則屬於陳家的顏色，是粉紅色的。

第 03 章

大將軍之一役

陳時中在牙醫師公會聯合會理事長任內，以大將軍姿態，帶領牙醫界率先試行「健保總額支付制」，不僅矯正了健保亂象，也為醫界立下汗馬功勞。

留日齒列矯正名醫蔡吉陽回憶，健保尚未施行的年代，牙醫師可申請勞保；但以行政區域劃分，一區只容許兩家投保，只有在公會有勢力的幹部，才能取得。

健保上路初期，餅就那麼一點點大，醫師出身的立委沈富雄建議政府「保大不保小」，以免製造健保資源浪費。就牙醫界來說，就是被歧視的對象，只能自己出錢，保「附加險」，令牙醫頗有危機感。

加上，當時醫界「論量計酬」，浮報情形嚴重，對健保財務也有一定的影響。所以陳時中想了一個辦法——「健保總額支付制」，以分配到的預算額度、除以實際服務量，來計算酬勞。

蔡吉陽舉例，如果把健保比喻成一個大水庫，從中劃分一定的比例給牙醫，他們自己再從水庫中自行分配。分配方法以點值計算，譬如你當月積點六百點，乘以健保局分配的比例，就是你當月所得。這個方式不但解決先前的問題，也避免健保財務漏洞，所以牙醫試辦了以後，其他各科都陸續跟進。

「陳時中在牙醫公會，有兩位我們北醫的同學——蔡鵬飛、賴弘明，當時也在公會擔任理、監事。所謂『打虎上陣親兄弟』，三人聯合作戰。」過程中，他們一一走訪各大公會進行遊說，反彈聲浪主要來自於不願意被限額綁住，「況且，憑甚麼拿我們先開刀？」陳時中因此背負許多罵名，他堅持不受影響，繼續直道而行。

陳時中個性擅長化敵為友，並以數據服人。他分析，健保未來財務會漸漸吃緊，如果率先配合政府，反而取得預算分配先機。這套說法打動了七、八千位牙醫師，整整磨了一年多後，提案正式在代表大會通過，正式從一九九八年起開始實施。

陳時中與北醫同學三劍客，還為了建立國人口腔衛生正確觀念，一起推動「牙齒保健教育計劃」，先從鼓勵小朋友做起，進而達到一半國人愛刷牙的目標；也是由陳時中帶隊，跑遍全台六百間小學，經過十年的努力，才改變國人潔牙的習慣。

他在理事長任內，還積極推動與日本東京、名古屋交流，委託蔡吉陽居間牽線，最後促成與東京都締結姐妹會。

黃金舜與陳時中同時分任藥師和牙醫公會全聯會的理事長，兩人時有交集，他對陳時中的印象是：於公，他遇到困難總會想辦法克服，不輕易退縮；只要是選舉，他說要支持誰，就會無怨無悔挺到底。「有一件事，可以看出他的氣魄。早期，許多齒模師傅學徒出身，卻當起密醫，從事非法牙齒治療，其中某些人還是黑道，作為公會理事長，陳時中不惜與他們對抗。」

於私，他是值得信賴的朋友。「我們認識十幾年，經常在一起吃飯、唱歌、喝酒，無話不談。他最喜歡唱《母親的名字叫台灣》。即使後來他當了衛生署副署長，跟我們聚在一起，也一點官架子都沒有。或許受了父親的影響，他的法學素養也不錯，喜歡說理。」

以上點點滴滴，打造出陳時中從政之前的「齒模」，他後來用來咬合複雜的政治。

第 04 章

砧板上的歲月

陳時中年輕時不解，為何父親陳棋炎棄官位如敝屣？直到他年紀稍長、投入社會運動後，才慢慢體悟，原來父親是為了避免家人遭受政治波及，才會自斷仕途。因此他為父親下了一個註腳：「時代的悲劇下，英雄總是要有所犧牲。」

陳時中與父親身處不同的世代。陳棋炎與彭明敏、李登輝只差一歲，都生長於日治時代、都接受日本教育、都走過二二八和白色恐怖年代、都是台大教授。

彭明敏一九六四年與謝聰敏、魏廷朝共同起草《台灣自救宣言》，遭國民黨判刑八年，海外流亡長達二十多年，直到一九九二年李登輝政權穩定才返台。

李登輝躲過二二八，卻歷經兩次白色恐怖。第二次被警總約談，持續整整一個禮拜。要不是前後有人具保，他後來也加入國民黨，否則是等不到蔣經國的重用。

這些發生在台大宿舍裡的故事，陳棋炎很清楚，所以只有蹲低，歷來只在「中國法制史學會」當過候補監事，也不想兒子步他後塵。這也是陳時中從政之後，全家異常低調的原因。

陳時中年輕時代看黨外雜誌，「刺蔣案」發生時他十七歲、「美麗島事件」喧騰一時時他二十六歲、陳文成死於非命時他二十八歲，要不是父親引導他習醫，否則對他來說，政治恐怕也是條不歸路。

陳時中的一位大學同學透露，陳時中親口告訴他，是李鴻禧教授向陳水扁總統推薦他入閣，當時還特別強調：「他是陳棋炎的兒子！」

作為陳棋炎的學生，陳水扁當然知道其中的意義。他自己曾到陳棋炎的病榻前探望，為了怕吵醒他，還足足等了兩個小時；只不過這段插曲十多年後，他早已忘懷，遑論二〇〇四年一個副署長職位的箇中曲折。

柯建銘曾經是牙醫師，擔任過新竹牙醫師公會理事長，與陳時中在任牙醫師公會全聯會理事長同期，兩人交情超過三十年。他認為，陳時中入閣，或許因為二〇〇〇年成立「牙醫師挺扁後援會」，號召兩百名牙醫師加入民進黨；「但是，李鴻禧推薦陳時中，也不無可能。」

李鴻禧的兒子李俊俋說，他父親並未提及，所以並不清楚。

按照時間差分析，陳時中二〇〇〇年幫陳水扁輔選，二〇〇四年接任衛生署副署長，中間距離四年之久，若是陳水扁選後論功行賞，為了一個小小副署長職位，何需等四年？

馬英九八年執政，陳時中在政壇沉寂，回歸牙醫師老本行，並接下北醫董事職務。二〇一一年他重操舊業，為總統參選人蔡英文籌組「醫界後援會」，並擔任總幹事。一場圓山飯店的「千人造勢晚會」，令蔡英文眼睛為之一亮。

二〇一六年他擔任蔡英文參選總統的「政策白皮書」起草人，待蔡英文取得政權之後，並未重用他，只聘他為總統府國策顧問，而延攬小兒感染症權威林奏延出任衛福部長，許多人為陳時中抱屈。那一年，他六十二歲了，如果再見不到車頭燈，他就真得告老還鄉、含飴弄孫去了。

二〇一七年二月，他從林奏延手上接下衛福部長的棒子，直到二〇二〇年院長都換到第三個了，他卻始終紋風未動，早在二〇一八年九月，就打破歷任衛福部長在位最久紀錄。

蘇貞昌權大氣粗，喜歡用自己人，二度占上行政院長寶座，一度想把陳時中換掉，讓前衛生署副署長李龍騰頂上去，多虧蔡英文總統力保，才有後來陳時中在防疫工作上大放異彩。

當接任衛福部長的消息曝光，陳時中看牙、看到一半，穿著綠袍出來受訪，透露「上一次」未接，是因為希望由年輕人擔綱，但「這一次」機會又來敲門，「太太跟了我這麼久了，知道我希望甚麼，所以給予祝福。」

他還故作瀟脫地說，他原本沒用手機，要不是要看孫子的照片，否則總統府打電話來，他沒接到，可能到現在為止都在看牙。

對於陳時中突然搖身一變成為部長，病人們驚呼：「我的牙醫師要當官了！」但醫界卻對首位「牙醫師」掌衛福部冷嘲熱諷。前立委林靜儀透露，許多醫界前輩當時打電話抱怨：「牙醫怎麼可以當部長？」

衛福部長一職，沒有他想像中好做，剛上任不到兩個月，陳時中即先後因為冠脂妥偽藥、過期乳瑪琳、財團法人「醫藥品查驗中心」行政法人化及弗派瑞農藥等事件，被媒體、立委、和公民團體罵得滿頭包；後面還有「美豬開放」、「日本核災食品鬆綁」兩顆未爆彈，他很快就將成為「掃煙囪的人」。他立刻進行損害控管，一一拆彈。

二〇一七年七月，總統大選前哨戰開打，陳時中到民進黨中常會報告「零到二歲兒童社區公共托育計畫」預算，蔡英文因為不知道衛福部已在年度預算中編列七十多億元（二〇一九年更加碼到一百二十億元），當聽到陳時中報告「前瞻基礎建設計畫」特別預算中編列了七億多元，而「育兒百寶箱」預算，三年將花掉近六億元，忍不住發了一頓脾氣：「托育比育兒百寶箱更重要？為什麼編得反而比較少？難怪會被罵！」又由於陳時中在報告中，未提及托育中心覆蓋率，最後蔡英文乾脆直接退件。說完，還特別強調：「我沒有動怒喔！」

走到這步田地，陳時中的「政治正確」告訴他，應該讓「育兒百寶箱」胎死腹中，但礙於預算取消需有一定的程序，令他動彈不得。可是沒多久，他就迅速拆彈。事後他受訪時解釋：「問題出在，主菜都還沒上桌，就先把小菜端出來，才造成這樣的誤解。」

陳時中也有自己的堅持。二〇一九年公民團體針對「懷孕滿八週禁墮胎」的公投案，社會上掀起「女性身體自主權」與「胎兒生命權」的論戰，他就持相反意見：「又不是公投的人要生！」

他自學生時代開始抽菸，一直戒不了。當了衛福部長，他自己抽菸、卻反對電子菸，面對各界壓力，毫不退讓。

他三度向WHA叩關，屢戰屢敗、又屢敗屢戰，在鏡頭前咬著牙，臉上盡是剛毅。

李俊俋認為，陳時中頭腦清楚、政治敏感度高、知道事情輕重、三言兩語就抓到重點。「我自己學法，看到他處理武漢包機，以國籍劃分，一句話就打到重點，處理起來很輕鬆！」

當台大、中國醫藥學院發生「插錯管事件」，陳時中發揮專業，幾秒鐘就看到問題，提出根本解決之道，他說：「你就換個頭，讓護士接不上，這就是除錯機制！」他對各項數字極其嫻熟，當下立刻演算全台洗腎人口八萬五千人，平均一年大約每個人洗四十次，一年三百四十萬次，接錯管只是個位數，在比例上占得不高，立刻就減輕事件的強度。

為因應少子化問題，總統府設置「少子化辦公室」，前衛福部長林奏延在卸任前臨去秋波放了一砲，爆料辦公室早自二〇一七年四月起，就已經停擺，連一次會都沒開。陳時中馬上提出數字反駁，證明四、五月間就開了六次。

他還有一個政治特質，就是敢於跳火坑，護自己同仁。上任之初，時任食藥署長吳秀梅出現人和問題，他出面緩頰，認為以後她仍有大用，要外界注意她的專業；當專家小組張上淳因為兩位公子「逆時中」，備受外界責難，他選擇跟他站在一起；當觀光局主祕之子帶病登機，引發群聚感染，他以「叔姪說」作為緩頰。雖然這些舉動，難免遭致外界「護短」的批評，但是他還是執意這樣做。

他對待武漢台商與處理歐、美國人返台，出現兩套標準，仍十分堅持。

當他回溯入境近兩萬國人居家檢疫十四天，卻順應航空公司特殊要求，將機組員列入豁免之列，只需要自主健康管理，或居家檢疫五天，也令空服員心碎。

仔細觀察，陳時中是政治高手。顏清標三月十九日打算如期辦媽祖繞境，指揮中心原本應該提前揭示通案處理原則，非只針對個案，但是他公開按下不表，私下卻與顏清標通話，三言兩語，就讓顏清標在壓力下打退堂鼓。

新北市長侯友宜一直「順時中」，直到紓困亂糟糟，兩人終於交鋒。陳時中用一通電話，就讓侯友宜收回九千多件申請案。

二〇二〇年總統大選，牙醫師公會全聯會成立挺韓國瑜後援會，理事長王棟源拋了個「心口分家」的繡球給韓國瑜。陳時中是前任理事長，過去當然贊成同樣主張，換做旁人，可能騎虎難下，但他卻游刃有餘，誰都不得罪。當時他是這麼說的：「心口司的規劃，是在國民黨執政時期，當時雖然牙醫界積極爭取，但仍有一些矛盾而改組困難，只是這幾年執行下來，發現效益有限，蔡總統也認為應該調整，將先由行政院人事總處進行評估規劃。」

民進黨立院黨團總召柯建銘記得，過去陳時中積極爭取「心口分家」，但因為考量衛生署已有「醫事司」了，所以未能如願。

如今牙醫界進一步要求衛福部，獨立成立「口腔健康司」，又將這個球拋回去給陳時中，手心手背都是肉，就看「政治高手」陳時中將如何處理？

陳時中的大學同學坦言，如果沒有這次疫情，陳時中可能「就這樣了！」如今他成為政壇當紅炸子雞，不可同日而語，未來究竟會「怎麼樣？」誰都不敢說。

第 05 章

哨音響了！

二〇一九年最後一天凌晨，哨音響了！武漢肺炎病毒正在侵襲全世界！

三十日，武漢「衛生健康委員會（以下簡稱衛健委）」發給醫療機構一份《關於做好不明原因肺炎救治工作的緊急通知》，開宗明義提到：「根據上級緊急通知，我市部分醫療機構陸續出現不明原因肺炎病人……」

眼科醫師李文亮所任職的武漢市中心醫院後湖院區，毗鄰華南海鮮市場，是最早接收新冠肺炎患者的醫院。他在三十日傍晚五點四十三分，在「武漢大學臨床04級」微信群組中吹哨：「華南水果海鮮市場確診了七例SARS」、「在我們醫院後湖院區急診科隔離」。重點是，他貼出檢驗報告和胸部電腦斷層檢查畫面。

這份報告太重要了，上面顯示七名不明原因肺炎檢測所用套組來自深圳華大基因公司，當時尚未有新冠肺炎病毒資料庫，用先前SARS的基因庫比對，七十九%相符。微妙的是，華大基因公司總裁汪建受訪時發下豪語：只要給他三天的時間，絕對可以做出SARS 2.0版的基因定序比對。只是沒多久，他就噤聲了。

隔天凌晨台灣的PTT開始熱議，疾管署副署長羅一鈞聞聲而至。他是前台大感染科醫師，立刻看出門道。他發現華大基因所做的報告顯示，患者有類SARS和綠膿桿菌病原體，而且是用「撒網捕魚」方式大規模篩檢，可同時驗出多種病原體，雖然不一定致命，但當螢幕上出現SARS字眼，他睡意全消，立刻把新發現丟到疾管署的群組。隔天疾管署一上班，就以電郵通報世衛組織（WHO），要求提供進一步資訊。

由於當時狀況不明，為求慎重起見，疾管署在電郵中，只點出「非典型肺炎」和「病患已進行隔離治療」兩個重點，但凡公衛專家都可解讀出，這在暗示有人傳人的可能。

中國同一天也向WHO通報，但只提到武漢發現不明原因肺炎病例；七天後才指出，是一種新型冠狀病毒。

WHO官網紀錄，他們在一月十一日和十二日才從中國「衛健委」獲得更多詳細信息，包括：疫情與武漢一個海鮮市場暴露有關；尚未出現人傳人現象；除了武漢有四十一個確診病例外，其餘各地均未傳出新疫情，醫務人員也沒有受到感染。

可是香港《南華早報》掌握中國內部資料顯示，第一起病例很可能發生在二〇一九年十一月十七日、一名五十五歲湖北居民身上；中國學者在英國醫學期刊《刺胳針》（*The Lancet*）發表論文，也追溯到十二月一日；國際知名醫學期刊《新英格》（*NEJM*）引述中國湖北省疾控中心專家文章指出，十二月中旬武漢肺炎病毒就已經人傳人，隔年一月一日到十一日間，還傳給七名醫、護；就連中國「衛健委」一月三日發出的紅頭文件「三號文」也提到，針對近期武漢病毒病例樣本，按照高致病性病原微生物（第二類）進行管理。可見疫情至少在十二月間就已經蔓延開來，中國遲至十二月底才向WHO通報、武漢一月二十三日才封城，令疫情一發不可收拾。

當泰國在一月十三日爆發首起境外移入案例，中國「衛健委」主任馬曉偉不得不在隔天與湖北省衛生官員舉行電話會議，做成「對局勢保持清醒認知」備忘錄，首度承認病毒有可能人傳人。

中國國家主席習近平一月二十日才現身，透過黨刊《求是》澄清，他早在一月七日主持中央政治局常委會議，就針對疫情防控工作提出要求。即使如此，也為時已晚。

行政院副院長陳其邁在二〇一九年十二月三十一日一大早與蘇貞昌院長開會，提醒「SARS」可能捲土重來。「我記得接下來幾天一直亂哄哄的，既要忙總統大選、又要關注疫情。我先找疾管署急性傳染病組長楊靖慧商議，她是我大學同學，曾經跟我處理過登革熱，我們本來就熟；中午我要出門掃街前，一直放心不下，交代助理通知各部會，下午三點到我辦公室開會。」

那天下午，衛福部等跨部會都來了，陳其邁請疾管署長周志浩從民間通報體系「兩岸衛生協議」打探；請陸委會向中方確認；外交部向美、日詢問。可是連台商都找了，問了一大圈、還是問不到。

陳其邁是台大公衛碩士、曾經擔任醫生，直覺認為：是類SARS！如果真是這樣，第一時間就必須隔離，他必須果斷做出判斷；可是資訊太少，只有中方公布的二十七起案例，其中一、二例看起來像是人傳人，源頭未必是華南海鮮市場。

他知道中國「衛健委」曾經對武漢醫療機構發出紅頭文件，但文件上只蓋了「衛健委醫政醫管處」的關防，不算是正式公文，無法辨別真偽，如果真的要一探究竟，就得有人深入虎穴，於是南區疫情指揮官莊銀清臨危受命。

政府在十七年前SARS以及後來的非洲豬瘟，就有跨部會合作經驗。在對抗非洲豬瘟時，政府已經設置了「發燒篩檢站」，正好派上用場。

陳其邁指出，邊境管理最難，因為國人持台胞證到大陸，中間去了哪裡？是否轉機？或是經小三通回來？根本無從管起。只有掌握入境班機、人盯人，才可以控制疫情。

因此，他要交通部下午五點前，交出班機班表，飛機一降落，就登機檢疫。陳其邁從中抓出三條熱線——一是從中國湖北、重慶、上海、蘇州和深圳入境；其次則為日本東京和泰國曼谷。「這三條航線風險最高！」說著、說著，好像眼前出現一張航線圖。

陳其邁認為，眼前不能放過任何一架班機，否則可能出現防疫破口。他下令就地攔截！「桃園機場那班已來不及了，就從馬上要降落小港機場的那班開始！」

同一場會議，他們已就「武漢包機」提出討論，也算是超、超前部署了。

政府沿著湖北、廣東、浙江疫情的軸線發展，逐漸將防疫等級升高。一月二十日成立「嚴重特殊傳染性肺炎中央流行疫情指揮中心」，先由疾管署長周志浩上陣，衛福部長陳時中直到指揮中心二級開設時，才接下指揮棒。

蔡英文總統在二十二日啟動國安機制，「我記得除夕那天，我們不停用電話溝通，那是我這輩子印象最深、最忙碌的一個除夕夜。」她最怕在除夕夜接到陳時中部長的電話。

陳其邁的小年夜和除夕夜，都在忙口罩短缺的問題，跟陳時中就睡在疾管署；大年初一他指示健保署，將移民署資料串進健保卡，以勾稽中、港、澳旅遊史及確診病患接觸史。「我每天做許多決策、影響許多人，躺在床上難以成眠，那段日子沒一天睡滿五個小時！」

台灣感染症醫學會名譽理事長、南區疫情指揮官莊銀清，除了接到網路訊息，在一次專家會議上也得知，中國發生不明原因肺炎。他一月接獲指令，要他跑一趟武漢。剛開始時，他有些為難。「我那時候最忙，加上又不知道許可證甚麼時候下來？」後來疾管署長周志浩打電話給他，認為他不涉政治、又具行政專業、可以應付突發狀況、並立刻做出決策，是最適合的人選。

十一日晚上六點左右，中方同意十三日開會，他和另一位防疫醫師洪敏南，十二日晚上先一步抵達武漢。第一天與中國中央和武漢地方疾控中心幹部開會，第二天則前往金銀潭醫院，聽取臨床醫生的口頭報告。

「政府雖然沒有明示，但我知道，重點在釐清感染途徑；對方沒有講的話才是重點。例如：他們提到四十一個案中，有二十八例與華南市場有關，其中一家三口父親、兒子和姪子因為有人在華南市場工作，所以爆發家庭群聚感染，沒甚麼特別；但其他十三例呢？尤其一對夫妻感染，太太根本行動不便，與華南市場何干？我一直在這裡兜圈子問：『還有沒有其他類似情況？』他們講來講去都推說還在調查。事後我知道，其實當時早已發生院內感染，只是他們不說！」

有一段過程特別值得玩味。「當我們討論到有沒有人傳人時，來自地方的官員都說：『沒有啊！我們這裡的人都不吃野味啊！華南市場也沒有賣野味啊！』出人意表的是，坐在一旁的中央官員竟然出手將對方按住，並且說：『那是以前講的話，現在不排除是人傳人！』」

莊銀清十五日回到台北，北區管制中心主任謝瑞煒到機場接他，見到他的第一句話就問：「指揮官，狀況如何？防疫可不可以不要那麼嚴謹？」莊銀清回答：「ＮＯ！

在狀況不明下，禦敵必須從嚴！」他隨後將情形跟周志浩報告，由他上達行政院。

第二天早上開專家會議，更加確定中國大陸已經發生人傳人現象。緊接著，政府陸續拋出高規格因應措施，包括處理病例定義、確認通報對象。

時至今日，武漢病毒感染源為何？各方說法莫衷一是。

華南理工大學生物科學教授肖波濤，長期接受中國科技部下轄「自然科學基金」贊助，在WHO專家證實武漢肺炎病毒可能源自於菊頭蝠後，在全球學術社交網站《*Research Gate*》發表〈新型冠狀病毒的可能來源〉報告，指武漢疾控中心距離華南海鮮市場僅兩百八十公尺，而首批確診醫、護就在附近的協和醫院，答案已呼之欲出！

肖波濤還更進一步爆料，武漢疾控中心為了實驗方便，長期控管六百多隻蝙蝠，在二〇一七和二〇一九年曾發生意外，研究員被蝙蝠血液和尿液噴濺，儘管事後他們曾經自主隔離十四天，但研究員後來在蝙蝠身上發現吸血活虱，令人擔憂。至於病毒樣本與汙染物在實驗後遭到棄置，也有可能成為感染源。

他還提到，菊頭蝠的棲息地——雲南和浙江，距離華南海鮮市場超過九百公里；「武漢P4實驗室」與華南海鮮市場也相隔三十公里，開車需要半小時；再說，華南市場雖然販售野味，但不包括蝙蝠在內。

四月三十日美國國家情報總監辦公室（ODNI）聲明，武漢肺炎病毒源自於中國，不能排除武漢病毒實驗室有「技術上外洩」的可能，川普總統直指該實驗室就是罪魁禍首，但缺乏直接證據；況且尚未完成的報告，依然針對第二種可能性進行評估。

「五眼聯盟（美、澳、英、加、紐）」有十五頁備忘錄曝光，參與中、澳兩國共同資助蝙蝠研究的研究員石正麗和周鵬被列入重點追查對象，但研判從武漢實驗室外洩的機率只有五％；反倒認為，實驗室附近販賣活體動物的華南海鮮市場較為可疑。

澳洲總理莫里森五月一日不諱言，疫情確實從中國開始，「我不認為任何人還有幻想空間！」但也坦承，澳洲至今尚無支撐病毒來自武漢實驗室的資訊；激勵他推動國際調查的主要動力，來自於販賣野生動物的「濕貨市場」。

石正麗二月告訴美國《科學人》雜誌，她的上司在二〇一九年十二月三十日晚間通知她，武漢市疾控中心在兩名住院肺炎患者體內，發現一種新型冠狀病毒，樣本已送至WHIOV（中國科學院武漢病毒研究所）。她的第一個念頭是：「它們有可能來自於我們的實驗室嗎？」後經團隊從七名病患取樣，再經過重複檢測，沒有一個病毒序列，與她的團隊從蝙蝠洞採樣的病毒序列相同。幾天沒闔眼的她，終於如釋重負。

第 06 章

破蛋！

政府防疫原本想跟「阿婆鐵蛋」一樣堅實，沒想到這顆蛋，在二〇二〇年一月二十一日就破了。

當全台傳出首例確診個案時，防疫團隊開始緊張。女台商讓防疫出現第一道破口，承受巨大壓力。

這名南部五十五歲女台商，在中國工作多年，從事教育事業，原本就有內分泌病史，在武漢停留期間，從未到過華南市場，也沒有吃野味或接觸過禽鳥。

她十多年前到中國的頭一個月，因為過敏到當地醫院就醫，卻因為晚上沒有人工處理台胞證，因此沒看成病，跑到藥局拿藥。或許因此留下不好的印象，所以她就此不在當地就醫，甚至思考：「還要不要留在大陸？」

當她在武漢發病——咳嗽、喉嚨痛、身體倦怠，因為沒有發燒症狀，警覺性不夠，自我安慰只是感冒，回台灣看看醫生就好。

她一月二十日返台，已是發病後第九天，身體狀況變差，整個人覺得很不舒服、還一直喘。

她在機上全程戴著口罩，飛機一降落、聽到空服員廣播，就主動通報；等所有人下機之後，防疫人員登機檢疫，幫她量體溫，才知道她有發燒。

一路上從機場到檢疫站，她整個人恍恍惚惚，原本想回家過年，沒想到卻要在醫院度過。她原本感到恐懼，後來因為知道兒子在等她，因此告訴自己：「不要害怕！」

她屬於重症肺炎患者，治療過程中，必須隨時戴上氧氣面罩，才可以正常呼吸。負壓隔離病房收不到手機訊號，只能看電視。當她看到陳時中為包機返台的台商落淚，她感同身受，指沒有人願意生病，「但很抱歉，我是第一例，打破了台灣的0！」將近七分鐘的錄音談話，她前後說了十四次謝謝。

女台商經過三次採陰，於二月六日出院；但因為精神脆弱、肺部纖維化，留下深刻記憶和不可抹滅的傷害；但她並非全無貢獻。因為她，疾管署將武漢旅遊建議提升至第三級「警告」；因為她，健保署只花三天的時間，就催生出用健保卡查旅遊史。女台商非但未危及他人，反而變相保護了國人。

防疫初期，指揮中心三級開設，疾管署長周志浩擔任指揮官，當時陳時中並未參與，正在忙輔選。直到一月二十三日中央流行疫情指揮中心二級開設，他才正式接下指揮棒。

女台商在錄音檔中，提到機上有一位朋友，可能是案5，與她搭乘同一班機返台，兩人座位相隔二十排。指揮中心研判，以在武漢感染機會最大。

陳其邁和陳時中從小年夜到大過年，都睡在疾管署裡，疾管署猶如他們的衡山指揮所。往往他做決策、陳時中負責執行。那段時間，他們滿腦子想的都是：如何把病人框住？不要進入社區。

「每當我回院內處理口罩問題，他就在疾管署裡一直耗著，從早到晚，只有晚上睡一會兒。過年那天，他原本想請衛福部同仁吃飯，我告訴他不行，不能只有疾管署動，各部會也要動起來！於是他一個單位、一個單位協調，最後促成跨部會合作。」

十七年前SARS症狀，主要是發燒，只要做好篩檢就可以；但新冠肺炎病毒不一樣，不僅極為狡猾，傳播力也是SARS的好幾倍，所以必須跨部會合作。

起步維艱，各部會常常遇到問題，像居家隔離、檢疫者出去趴趴走，警察找人、常常說找不到，陳其邁曾經把行政院祕書長李孟諺海K了一頓，最後在警政和民政系統合作之下，發展出大數據和「電子圍籬智慧監控系統」，才把人框住。

「電子圍籬智慧監控系統」利用人工智慧（AI）防疫，令政府有效控制疫情。系統每十分鐘定位一次，只要居家者連續兩次偵測不在範圍內，就會發出「告警簡訊」，甚至連同時間有多少人把手機關了，都摸得一清二楚；畫面還會顯示全國居家隔離、檢疫的總數。靠著這套系統，精準掌控疫情，吸引全世界十個國家探路，正與政府洽談技術轉移事宜。

陳時中一月二十三日接下指揮官，接手處理第一例女台商後續事宜；隔兩天，第五例就發燒住院隔離，採檢後通報確診，她也不曾到過華南海鮮市場，也沒有接觸過禽畜。

之後，陳時中面臨兩大考驗，一是二月三日第一班「武漢包機」返台；二是解除「寶瓶星號」危機，他都因為放心不下，執意到現場接人，以後一直維持這個傳統。當知道「武漢包機」一名台商確診，他第一時間很沮喪，在記者會上講到激動處，先是哽咽、說不出話來，隨後掩面流下男兒淚。

個性加上醫師的訓練，使陳時中的理性超越感性，印象所及，他這輩子哭不到三次，可見當時他的壓力有多大！

包機台商是案11，在此之前，一對自武漢返台夫妻——案10與案9，爆發家庭群聚感染。他們回台的時間，比首例女台商還早八天，卻遲至一月二十八日以後才陸續確診，並先後住進負壓隔離病房。案10因為輕症，只出現輕微咳嗽、流鼻水和上呼吸道症狀，沒有發燒和肺炎，不符合通報定義，被診斷為一般感冒，而成為漏網之魚。

直到分離病毒株，成功找到案9的感染源時，陳時中才鬆了一口氣說：「疫情還好沒有往外擴散、發生社區感染，這條防線我們還是守住了！」

一位不願具名的專家會議成員認為，既然中國當時隱匿疫情，台灣就不該採和武漢一樣的通報標準，「我們醫院有三位醫師通報，都被打回票！而初期採檢也集中分配給幾家院所，並未有效運用資源。」

當一發現問題，陳時中迅速修正，他立刻放寬通報定義；只是他的考驗才正要開始。

第 07 章

白牌司機的死亡之謎

台灣疫情每天變化，是好、是壞，從當天陳時中臉上的表情，就可以一窺究竟。

二〇二〇年二月十五日當白牌司機不幸病逝的消息傳出，陳時中出席記者會宣布這件死訊時，面色凝重。

這不僅是台灣防疫以來第一起死亡案例、還是第一起由本土案例所引發的家庭群聚感染。

一月二十七日白牌司機出現咳嗽症狀，因與親屬聚餐，將病毒感染給弟弟、母親、外甥女婿和妹妹，使確診案例達到二十例。

由於白牌司機生前並沒有任何旅遊史，開始時不在檢測範圍內，經過指揮中心從全國通報流感併發重症且流感檢驗呈現陰性的一百一十三件檢體中回溯檢驗，才發現這一起確診案例。

問題是，案19職業特殊，到底載過那些人？接觸過哪些人？都有待進一步釐清。經過初步了解，除了家人外，他還接觸過十位非同住者；發病期間，曾經前往一家診所和一家大醫院就醫；光是住院十三天，就有六十位醫、護被隔離。

在此之前，十八例確診個案中，有兩件尚找不到感染源，各界因此憂心，是否會爆發社區感染？當記者問到：「這算不算是社區感染？」陳時中脫口而出：「可以算是！」

事後許多人跳出來幫他滅火。副總統陳建仁用「社區傳播」覆蓋先前「社區感染」定義。他進一步解釋，社區感染與社區傳播不同，這起群聚感染事件，最多可以算是社區零星感染，還不到社區傳播的地步。社區傳播必須符合下列四個要件：第一，確診病例無法找到傳染來源；第二，本地感染個案數已遠超過境外移入感染個案數；第三，已經出現持續性的傳播鏈；第四，有廣泛發生的群聚感染。除了第一項還在調查，其他三點都不成立。

陳其邁也跳出來及時救援，令陳時中吃了定心丸。

在陳時中十九日晚上六點三十分召開記者會的前一刻，陳其邁透過「大數據分析小組」追蹤，已鎖定三名台商，其中一位很可疑，但由於還沒有進一步確認，他要陳時中在記者會先提「已鎖定三位台商」，但就只限於此，其他細節不必說。

陳時中因此在當天記者會上澄清，此案屬於零星個案，僅白牌司機弟弟一名密切接觸者感染，其餘七十三名密切接觸者中，六十人採檢呈現陰性，包括醫護人員，目前評估社區人傳人的可能性非常低；有三位具有中、港、澳旅遊史的乘客，為可能的感染源。

後來追蹤感染源的整個過程，猶如福爾摩斯辦案。

白牌司機靠行的車行，第一時間主動清查司機班表，懷疑白牌司機在染疫前幾天，並沒有到機場接送客人，而是到餐廳、小吃店，因此可能載到台商。後來，車行所提供的資訊，完全遭到推翻。

二月十六日早上，陳其邁接獲疫情指揮中心通報，得知有死亡案例。特別從白牌司機的載客紀錄去追感染源，已經過了兩、三個禮拜，接觸對象可能多達兩百多位，追蹤起來工程浩大。「但我們必須與時間賽跑，每多耗一分鐘，就可能多一個人感染，這是一場跟時間賽跑的競賽。」

當天中午，陳其邁把衛福部、內政部找到他辦公室開會。首先，他們必須確定司機的發病日期。依照十四天潛伏期推算，他可能在一月十三日到二十六日這十三天內被感染；由於當時接近過年，他可能接到從中國入境的旅客或返台國人，其中又以台商機率最高。

為了大膽推論、小心查證，陳其邁又聯絡了資安處、警政署和電信公司。當見到行政院資安處長簡宏偉，他的第一句話是：「怎麼弄？」

簡宏偉和資安處四位同仁成立的「大數據分析小組」，在防疫期間扮演重要角色，曾經與電信業者配合，只花不到一天的時間，就找出曾與「鑽石公主號」下船遊玩旅客接觸過的六十三萬人，並且發出第一次細胞簡訊。先前的「電子圍籬智慧監控系統」，也由他們建構，發揮無窮的效用。

行政院團隊打算先從白牌司機的「電子足跡」下手，透過他的通聯記錄發現，在一月二十二、二十三日左右，他曾經前往台中機場載客；即使縮小了時間範圍，但基地台跑出來的數據還是相當多，要如何將人鎖定？與會者平常理判斷：一般來說，下機旅客如果叫車，通常會在取行李時，打電話給司機，如果比對移民署的入境資料，看看那段期間，有誰打過電話？或許可以再將範圍縮小。

結果Bingo！有三位從中國回來的台商，曾經打電話給司機；而且這三人都是在司機發病的前幾天回來。這樣還不夠，還要看看他們有沒有出現症狀？

接下來健保署接手，透過健保雲端系統，發現其中一人在一月二十二日返台，在三十日出現呼吸道症狀而就醫，時間點與白牌司機發病前五天吻合，最為可疑。不過因為當時尚未將浙江旅遊史列入通報要件，所以其中一名浙江台商並未接受過採檢。

他們回頭請疫情指揮中心安排三人進行PCR核酸檢測，結果都呈陰性。案情到此，陷入膠著。

根據先前所做疫調，白牌司機在載送浙江台商過程中，他戴著口罩、不斷咳嗽。

陳其邁學醫，知道有時候患者早被感染，但已經痊癒，身體內沒有病毒，所以做核酸檢測會呈現陰性；如果又是採上呼吸道檢體，會出現偽陰性。於是，他請台大醫院針對三人進行血清抗體檢測。

未料陳時中英雄所見略同，另外找了中研院進行檢測，結果三個人一共被抽了兩次血。

中研院生醫所研究員林宜玲說明，中研院的檢驗方式，是將SARS、MERS（中東呼吸症候群冠狀病毒）、和COVID-19（新冠病毒）和一般流感的病毒N蛋白純化，三人對MERS都沒有反應，不過都出現普通感冒冠狀病毒，應該都有感冒；但是其中一名浙江台商對SARS和COVID-19都有反應，基本上可以確定，白牌司機應該就是被該名台商所感染。

二月二十一日，一名自稱浙江台商的父親，call-in到電視台喊冤，強調他兒子到目前為止，都沒有不舒服；而且還提到其所住院醫院名稱。指揮中心認定內容不實，函送警方查辦。「事實上，浙江台商返台後，曾經多次就醫。」

經警方調閱相關資料，鎖定彰化一名七十歲江姓男子，並通知他到案說明，全案最後依「傳染病防治法第六十三條」函送彰化地檢署偵辦。

當記者問指揮中心專家小組召集人張上淳：「浙江台商咳嗽，有沒有可能因其他疾病所引起？而白牌司機的感染源另有其人？」張上淳的回答是：「現有的科學證明，只能證明到此，只能說，司機被浙江台商傳染的機會相對較高，如果要有絕對的答案，一定要驗到病毒，甚至比對兩人身上的病毒株，現在已經驗不到了。」

第 08 章

阻絕於院內

當指揮官陳時中在記者會上，不小心透漏有院內感染，整個防疫團隊為了這起事件，已忙得人仰馬翻。

最早是國衛院董事長林奏延發現的。他曾經是林口長庚醫院的小兒感染科醫師，也是陳其邁在長庚實習時的指導老師。他寫簡訊給陳其邁說：「××有個怪怪的個案，從感染科到胸腔科，住院住了很久……」陳其邁立刻覺得大事不妙，馬上將這名婦女匡列為疫調和採檢對象，同時回了個電話給林奏延。

這是國內第二起家庭群聚感染，林奏延通報的個案是案24。她是一名北部六十七歲的婦女，近兩年來無出國紀錄，平日生活單純，不是在家看電視，就是在社區運動；偶爾會和朋友唱唱卡拉OK，並沒有慢性疾病。

二〇二〇年一月六日，她曾經接觸過小女兒從中國杭州來的同學，但直到十六天之後，才出現發燒、咳嗽症狀。她先到家附近的一家診所看病，期間一度前往大醫院，後來又回到同一家診所。就這樣反反覆覆、跑來跑去，病一直都沒好；診斷結果分別為感冒、A型流感（陽性）、急性支氣管炎；直到她第三度前往診所，病情急轉直下，她才到醫院掛急診，並被診斷為肺炎。住院後，她的流感雖然轉成陰性，但肺炎症狀卻持續惡化，開始戴氧氣面罩，並於九天後，因呼吸急促插管、轉入加護病房；再七天後，被安排進入負壓隔離病房，經通報採檢後，才於二月十九日確診。

當時全球死亡案例共有十九件，二月十五日白牌車司機死亡，是台灣的首例。陳其邁擔心，如果台灣再發生一例，就是全世界「最多」死亡案例的國家，他因此拜託林奏延，非得想辦法讓案24例活著。

林奏延馬上找上長庚醫院院長程文俊，轉達陳其邁的意思。程文俊曾經在二〇〇三年高雄長庚醫院爆發SRAS院內感染時，隨著決策會主委吳德朗一起南下坐鎮，應該知道此事的嚴重性。

「後來抗生素也打了，甚麼藥都用了，連葉克膜都裝了、而且還裝很久，案24的情況卻越來越糟。我三不五時就打電話過去問，看看她是不是能夠活下來，但得到的答案都是悲觀的。沒想到，經過一個多月的搶救，案24竟然拔管、解離了；反倒是案34死了！」陳其邁大呼意外。

案24有兩個女兒，大女兒因為人在高雄，所以平日與小女兒（案26）同住。住院期間，小女兒照顧母親，起初並無症狀，只因為胃食道逆流，三度到診所就醫；直到她住進負壓隔離病房進行採檢後，才確診為陽性。婦人的大女兒和外孫女（案25），曾經在她住院期間前往探視。大女兒經過三次採檢呈現陰性，外孫女卻沒能逃過一劫。

由案24引起的家庭群聚感染，案情複雜，後來又因為牽扯到案34，案情就更加撲朔迷離。

案24和34雖然都到醫院急診，但進入的時間、地點不同，兩人的病房又不在同一棟大樓，因此無法斷定案24與院內感染有直接關係。

不過，因為她在醫院，從胸腔科、跑到感染科、再被送進加護病房，時間拖得很久、動線也拉得很長、有使接觸到的醫、護人員變多？陳其邁因此有所警覺，下令醫事司長石崇良立刻做好醫院感控和動線規劃。中央疫情指揮中心在三月二十日公告，落實醫療院所的「分艙分流」，案24其實是最大功臣。

這起院內感染，到底誰才是感染源？至今無解。長庚大學新興病毒感染研究中心主任施信如曾經透露，她的研究團隊打算採集案24的檢體，進行病毒株分離，分析基因定序，但因為來不及，所以當案34一出現，他們就立刻採取行動。

案34是北部一名五十多歲女性，有糖尿病、心血管等慢性疾病，二月十四日因低血糖和全身倦怠，到長庚醫院急診，住院期間並無呼吸道症狀，但自二十一日開始，出現咳嗽、喉嚨痛及發燒等症狀，經過通報採檢，於二十八日確診。

根據指揮中心的說法，其實案34入院時，已是心臟衰竭末期，肺炎症狀其實已經獲得改善，所以她最後是死於心律不整和心臟衰竭。婦人的長女（案41）在母親住院期間，兩度前往陪病，曾與她共餐、交談、協助如廁。案34確診後，她原本被列為接觸者，從二月二十八日到三月二日住院隔離，兩次採檢都呈陰性，之後居家隔離。未料，四天後咳嗽加劇。經過追蹤採檢，於三月十日確診。

案34還有一個二十多歲兒子（案46），曾經兩度前往探視母親，由於他出現症狀是在與母親接觸後十四天，因此指揮中心研判，他被姊姊感染的可能性很高。

案34確診後，指揮中心對接觸者進行擴大採檢，追到案42和案45。他們是一對夫妻，太太（案42）在先生（案45）住院期間，在醫院照顧；詭異的是，她先生與案34在同一棟大樓、不同病房，先生採檢呈陰性，她卻確診。

案42與案34缺少關聯性，唯一交集是，他太太曾與照顧婦人的護理師（案36）短暫接觸過，但指揮中心不敢進一步推演。

除了案36之外，另有兩位護理師（37、38）和一名女清潔工（案35）確診，幾位是在接觸者疫調時發現，清潔工和兩位護理師出現輕咳症狀，另一名護理師則有倦怠感，採檢後均確診為陽性。總計這起院內感染，造成九人確診。

感染源始終無法釐清的原因在於，案34自二月二十一日起，出現咳嗽、喉嚨痛及發燒等症狀，與清潔工在二月十四日到十五日間短暫接觸過；而清潔工在十九日出現症狀。另外，三位護理師其中的一位，在十六日曾經接觸過案34，後來發病確診。

換句話說，案34發病期較其他人晚，如果推測案34是在潛伏期感染其他人，則她就是感染源；情況如果相反，是案34被其他人感染，則意味著院內感染早就發生。

這個案子，連專家組召集人張上淳都不敢明說。第一時間當他被記者問到：「到底是清潔工傳染給婦人、還是婦人傳染給清潔工？」他的回答不置可否，只提到兩人相遇時間只有一天，還需要更多佐證；但是，他後來引國際頂級醫學期刊《美國醫學會雜誌》（*JAMA*），意有所指地說：新加坡研究團隊針對負壓隔離病房採檢，一在清潔前、一在清潔後，結果發現，沒有清潔的病房，很多地方都呈現新冠病毒陽性；對照去案34待過的急診室採檢，結果發現一百多個點，包括：醫護人員的面罩、隔離衣、口罩、甚至對空氣的採檢，都沒有驗出病毒，反倒是在她的病房欄杆上、床墊和浴室，卻檢測到病毒的存在。

加上，他強調，案34所住的病房比較特別，是所謂「住院主治醫師照護」的單位，沒有住院醫師，主治醫師和護理人員都完全固定，沒有人員跨區或病人互相接觸的機會。答案其實已呼之欲出。

針對院內防疫，台南奇美和新光醫院是這麼做的。

新光醫院感染科主任黃建賢指出，其實早在二〇一九年，他們就在做一種實驗——「次世代基因分析」，專門針對敗血症病人的致病菌進行精準研究，所以當李文亮吹哨時，提到一家深圳「華大基因公司」，他們立刻就知道，SARS又要捲土重來了！

從那個時候，他們開始超前部署——設立「發燒篩檢站」、分艙分流、改裝實驗室、設置獨立病房，儲存防疫物資、訓練人員；尤其是幫院內工作範圍最廣的傳送人員配置發報器，用電子偵測方式，掌握傳送員行跡，只要他去過的單位，醫院都知道。

急診醫師問診特別詳細，患者一旦住院，疫調就做得更詳細了。

十七年前SARS期間，莊銀清擔任奇美內科部主任，每天和院長詹啟賢、副院長梁安億開會。七點鐘開、八點一定結束、十點會議公告就出去了，由各部門分頭執行。

金傳春教授當時發表一篇論文，提到SARS主要症狀是發燒，WHO也已證實，他們立刻設置「發燒篩檢站」，對病人做發燒監測；同時要求醫、護人員每天量體溫，在網路上登錄。只要病人一有發燒症狀，一定要求照X光，而且規定放射科一定在兩個小時內提出報告，感控醫師馬上閱讀。所以當時奇美並無院內感染發生。

奇美醫院還設立——「呼吸道服務小組」、「員工關懷小組」、「安心客棧」，對醫、護提供完整照顧。

美國CDC當時派員訪台，從北到南走一圈，回去寫了一份報告，稱讚奇美醫院是所有到訪醫院中，準備工作做得最好的醫院。

奇美醫院首席醫療副院長林宏榮表示，他們早在二〇〇三年，即學習新加坡的作法，在院外搭帳篷看診，帳篷是人家辦喜宴用的，醫生看診就在大紅圓桌上，用陽光和通風來對付SARS。

林宏榮坦言，他們不過度依賴負壓隔離病房，「病房是弱負壓，用來處理結核病菌，並非用來處理新冠肺炎或SARS病毒，重點在於如何處理汙染源。」所以他們用實驗室「生物安全櫃」的原理，動手改良裝備，自製「正壓頭罩」和「隔離輸送床」。急診醫師年輕、又有創意，在這一次防疫中用壓克力製作「採檢罩」，可避免醫、護人員在插管時，被病人的痰液濺到。這項發明被拍成影片，登在知名的期刊《新英格蘭雜誌》上，可惜被美國人原樣打造，用模擬測試的方法，發表論文，登在雜誌上。

這一次新冠肺炎疫情來襲，他們同樣在過道上幫病人看病，或在通風的「採檢亭」幫個案採檢，同時還增加了視訊診療；萬一病人爆量，連樓層都擴充好了。

「新冠病毒雖然和SARS病毒不一樣，但畢竟是堂兄弟，我們有長期抗戰的實力！」

第 09 章

寶瓶心

陳時中在二〇二〇年一月二十三日接下中央流行疫情中心的指揮棒，聲勢在二月四日達到頂峰。當時他已二十四小時未闔眼，當得知第一班武漢包機其中一名旅客確診時，不禁哽咽。

再一個高峰發生在二月八日。當晚九點他登上寶瓶星號，用廣播的方式告訴旅客：「你們可以回家了！」在此之前，不管是他登船前突然轉身回眸，或是他僅戴著一副口罩身涉險境，背影總是散發出一種風蕭蕭兮易水寒的壯烈感。

當解除「寶瓶星號危機」後，他興奮地說：「這一仗我們贏了！」正好成為他自身的寫照。他所謂「我們」贏了，其實是他打了一場勝仗。

陳時中之前才打過幾場硬仗，壓力灌頂。首先是一月二十一日確診的第一例女台商，已於二月六日康復出院。接下來，他還得應付自武漢返台的五位確診台商、五位具武漢旅遊史或居住史的確診者；另外兩起本土案例，一男、一女，分別被其在武漢工作的丈夫或妻子感染。他一直努力將確診數控制在十例以內，但很遺憾地卻被案11、一名五十多歲男台商給打破。當他搭乘首班武漢包機於二月三日返抵國門後確診，不僅一舉攻破了滴水不漏的「陳時中防線」，也突破了陳時中的心防。

為了接手首班包機二百四十七位國人隔離、檢疫、追蹤、照顧等事宜，陳時中已連續二十四個小時沒有闔眼；隔天上午，他又出席記者會，累到語塞，自嘲「腦袋有點花花（混亂）」。事隔五天，他又親自上陣解除「寶瓶星號危機」，對他來說，無異是一項前所未有的體力、耐力與能力的大考驗。

麗星郵輪是「雲頂香港」旗下的子公司，在全世界排名第十五大，主要以亞太地區作為經營領域，旗下總共有四艘郵輪，寶瓶星號是其中之一。她的噸位達五萬一千零三十九噸，猶如一座山，橫亙在陳時中的面前。當時正值旅遊旺季，船上滿載一千七百三十八位旅客，加上七百七十六名機組員，等於一次爆出二千五百一十四個破口，亟待陳時中彌合，光是登船檢疫，就是個大工程。

有「星光才子」之稱的劉明峰，在二〇〇七年參加中視《超級星光大道》，以自創詞、曲拿下第五名後，曾經到新加坡駐唱、入伍服役，並且參加了一些戲劇演出。接下來整整有五年的時間，他儼然銷聲匿跡。維基百科上的紀錄，也只停留在二〇一五年十月。事實上，他有大約四年的時間，始終在海上漂泊。他是麗星郵輪聘請的歌手，每年當跑完跨年和春酒場之後，遇上淡季，他就登船，直到九月才下船；中間不管遇上甚麼大風大浪，他都得待在船上，把合約時數走完。

他還滿喜歡這份工作，因為除了每個禮拜一到五必須登台表演之外，其他時間都可以下船旅遊、購物，只須在郵輪再次啟航前回到船上，工作還算愜意。他不諱言，船上賭客是郵輪重要的收入來源，有的乾脆住在船上，有的今天上船、明天下船、大後天又出現在郵輪上。可是海上經驗告訴他，船上的工作瞬息萬變，有時候就像打仗一樣。只是他萬萬沒想到，一場突如其來的戰役，遠遠超過他的想像。

他在一月十九日登上寶瓶星號，二月四日從基隆港出發。當他看見部分旅客不約而同戴起口罩，而公司也告知他，除了演唱之外，其餘時間都必須把口罩戴上，他就知道，這次航行勢必與往常不同。

寶瓶星號依往例，五日在日本那霸停留一天，預計第二天返港。未料六日一大早，他就接獲訊息，台灣已經禁止郵輪停靠。他在到餐廳的路上，碰到旅客詢問：「你知不知道我們不能回台灣？」劉明峰尚未看到新聞，因此不知道細節。「你們在船上工作，怎麼會不清楚？」

不安的氣氛，終於在中午引爆。幾位年紀大的乘客開始開罵，儘管船公司一直在跟台灣當局溝通，但所有的旅客都想得到確切的答案：何時可以回到台灣？

當台灣不得其門而入，寶瓶星號轉向那霸，試圖將旅客送下船；但郵輪向左、向右總計分別繞了十多回，卻依然在海上徘徊，就是無法靠港，就這麼來來回回，一連在海上漂流了十九個小時，最後只好返回基隆港，等待台灣伸出援手。

「我們成了人球了！」劉明峰第一次有這種感覺。船上旅客一千七百三十八人中，有一千七百零九位都是台灣人。其中有老人有糖尿病，急著要回家；有母親擔心襁褓中的嬰兒奶粉快斷了，也歸心似箭；有旅客吃泡麵、拿牙刷當筷子，也想快一點下船。比較特殊的是，有些乘客戴著口罩，靜靜坐在台下，聽劉明峰唱歌，雖然眼神中透露出少許的茫然，或許也正在訴說想回家的心情。

「我們會帶你們回家的！」這句話原本是工作人員安撫旅客的台詞，重複再三；沒想到有朝一日，救星真的來了！當乘客聽到陳時中的聲音，從廣播中傳出來：「我來帶你們回家了！」猶如看到隧道出口，讓他們心裡踏實，確知自己得以回家。等到他們親眼看到陳時中本人時，更是難以按捺心中激動的情緒，叫著、笑著，甚至有人高興得鼓起掌來。

「他看起來一臉嚴肅，一上船就在與工作人員安排動線。」劉明峰看到陳時中的第一眼感覺是，他像如臨大敵一般，絲毫不敢放鬆。其實八日一大早，準備工作就開始進行。大批防疫人員、警察進駐基隆港，等寶瓶星號抵港、候船室的鐵門拉起，多名穿著制服的疾管署人員，就戴著口罩大陣仗登船。

雖然船醫每天對旅客做兩次檢驗，初步判定沒有旅客發燒，但指揮中心依然不敢掉以輕心，仍決定對所有旅客再做一次檢疫。

船上總共二千五百一十四人中，具中國旅遊史的有十九位、過去三十天內去過中國的有四十一人、另外還有二十九位外籍人士，防疫團隊主要針對其中一百二十八人進行採檢。防疫小組是由六位醫生、八名護士所組成，他們過去做過演練，但當採檢站換到船上，必須重新適應。他們適應一下環境，很快就上手，展現十足專業。

檢疫第一道關卡，是到發燒篩檢站量體溫，所有旅客和機組員以刷房卡及身分證件確認身分；之後，再根據有無症狀，以及有無湖北、廣東、中、港、澳旅遊史進行分流。所有人依樓層順序，由上到下，分六線進行篩檢，棉花棒不停地進進出出，八個小時就完成所有的檢疫工作。結果出爐，全部呈陰性反應。

儘管船上一千七百多名乘客都已經下船，但劉明峰為履行合約，仍得在海上繼續漂流。他在船上經常跑到甲板上，划手機、講電話，順便吹吹海風、欣賞海景。寶瓶星慣常行經的基隆、金山、北海岸的一景、一物，他再熟悉不過了；只不過，當他再站在甲板上，眼看著寶瓶星號駛出基隆港，繞過金山、北海岸，他的手機4G格數，慢慢從兩格、到一格、到音訊全無，他的內心難免落寞不已。

接下來的日子，他每天只做幾件事：為未來的海上音樂會進行排練、消毒、到餐廳吃飯、到甲板上透氣。為了應付船上每天定期的檢查，他不斷在被套、桌子、地板上噴灑消毒液，每個角落都不放過。原本寶瓶星號預計在四月復航，但因為各國實施禁令，他於是提前返家。回家後，他依規定居家隔離兩個禮拜，期待寶瓶星號有一天能對他招手。

第 10 章

鑽石情

二〇二〇年二月七日晚間七點四十五分，北、北、基三地七百多萬居民，同時接到一封簡訊，心頭大吃一驚。這是疫情指揮中心首度發送「災防告警細胞廣播訊息」，讓民眾第一次感覺到，自己離新冠肺炎疫情竟然如此接近。

簡訊內容連結的是，一艘名為「鑽石公主號」的郵輪上，已有六十一人確診武漢肺炎；而船上二千六百九十四名旅客，在一月三十一日郵輪停靠基隆港時，曾下船到北、北、基的台北一〇一、基隆廟口、九份等五十一個著名景點參觀，因接觸不特定國人，且都在風景區，疫情指揮中心認為事態嚴重，才會在二月七日首度透過細胞簡訊發送給居民。

「鑽石公主號」隸屬於「公主郵輪」旗下，與姊妹船「藍寶石公主號」，是郵輪中最大型的兩艘，屬「日本種」——由三菱重工在長崎建造，採密閉式設計；掛「英國籍」——在英國註冊。二〇〇四年三月正式投入營運，船上總共有十七層樓、一千三百三十七個房間、一千名工作人員、可容納二千、三千名乘客。行程中，除了美食佳餚之外，還可以聽歌、跳舞、看歌舞劇、魔術表演、賭博、游泳、健身和打高爾夫球。

外號「班長」的U先生，有十一個兄弟姊妹，原本在台北做生意，一九九一年前往美國依親、一九九三年正式申請移民，全家都是美國籍，幾個小孩也都是小留學生。原本長住紐約，後來移居紐澤西。

U先生雖然長居美國，但心向台灣，加上又很愛玩，所以經常搭乘郵輪環遊世界。二〇二〇年一月他隨「旅美同鄉會」返台，參加蔡英文總統在圓山飯店舉辦的「感恩餐會」，之前才從加拿大搭郵輪回美。

U先生早在二〇〇七年就搭乘過一次「鑽石公主號」，當時曾經過道台灣，暢遊他朝思暮想的花蓮、高雄、基隆等地；這一次過年，他在一月二十日登船，打算從日本橫濱、九州，一路玩到香港、越南；一月三十一日趁郵輪停靠基隆港時，下船到基隆舊地重遊；接著再從琉球、回橫濱港下船；再搭飛機來台，等清明節掃完墓後，四月三十日打道回美。

就在郵輪停靠琉球、準備下船時，傳來武漢疫情，船上嚴加戒備，原本大開的五道門，全部緊閉，只留一個通道出入。下船時，高等艙乘客先下，U先生住在內艙，排在最後，下船前必須量體溫、血壓，速度相當慢，等到他下船，已是下午兩點鐘；而郵輪六點就要啟航，他只好到街上隨便繞一繞、吃個午餐、逛一下百貨公司，就叫計程車回頭。

「鑽石公主號」二月三日傍晚依原訂行程停靠日本橫濱港，船長對船上旅客廣播：一名八天前下船的旅客，驗出二〇一九年冠狀病毒陽性，船上乘客不以為意，照樣狂歡慶祝最後一夜。根據《紐約時報》報導，當晚乘客大啖菲力牛排、戲院七百個座位座無虛席、酒吧和舞池依舊人聲鼎沸，一直high到深夜。

「嗯！奇怪！怎麼還不下船？」四日一大早，當U先生正感到狐疑時，就被通知得在船艙內隔離十四天，每天得接受檢測。「檢驗速度很慢，每次都要驗鼻涕和口水，真是苦不堪言！」

整起事件起因於二月一日一名八十多歲香港老翁確診，當郵輪四日靠港後，日本政府立即登船，針對二百七十三位高風險對象進行採檢。五日首波結果公布，有八名乘客確診。根據厚生勞動省的資料顯示，早在一月二十日郵輪駛離橫濱港時，就有兩名乘客發病，八十多歲老翁發病日更早在一月二十三日。

八日公布第二波檢疫結果，確診人數攀升到六十四人，眼見「鑽石公主號」疫情擴大，日本政府將船移到神奈川縣的橫須賀海面，延長隔離時間到二月十九日。「鑽石公主號」屆此已不是海上「郵輪」，而成為漂流海上的「活動武漢」。

U先生說，雖然他們每天可以到甲板上放封一個小時，一日三餐也有人送到艙房內，缺內褲、浴袍也會送來，衣服可以送洗，駐日代表謝長廷也很關心；但是他們住在內艙，連窗戶都沒有，他已經七十五歲、又是身障人士，終日見不到陽光，感覺非常痛苦。他將困境親筆寫下，用e-mail傳進總統府。

一名五十多歲的中年男子，為撫平父親失偶的傷痛，特別請美國友人代訂，帶父親搭郵輪散心。他的父親是糖尿病、高血壓和洗腎患者，上船十五天後開始咳嗽、甚至咳出血來，他兩度請船醫看診，但是因為沒有發燒，不符合船上篩檢規定，他心急如焚，只好向總統求救。「父親是八十五歲的老人，都咳出血了，糖尿病的藥也沒了，船上病例不斷增加，我們住的房間，沒有陽光、沒有新鮮空氣。我們別無他求，只希望父親能早一點下船就醫！」

台灣魔術師陳日昇在上傳影片中自述，一個禮拜前他就出現呼吸道與咳嗽症狀，同樣也因為沒有發燒，無法進行篩檢，「強烈的未知感，令我心生恐懼，希望政府趕快將我們接走！」

二月十七日美國出動兩架貨機，從羽田機場載回三百七十名美國乘客，船上台籍乘客開始焦躁不安，問：「台灣呢？」事實上，早在前一天，陳時中就宣布，將立即啟動援救計畫。

接下來，所有人的命運大不同。

政府在二月二十一日當晚，將「鑽石公主號」上十九位台人，用華航包機接回，二次採檢均呈陰性，被集體送至集中檢疫所進行十四天的隔離，已於三日六日出關。

船上五位台籍旅客在日本就醫，向總統求援的父子檔雙雙確診，在日方安排下提前下船，老翁被送進關東區醫院，中年男子與另外一名女性乘客，則一同住進東京都世田谷區的自衛隊中央醫院，兩地隔有兩個小時的車程。

男子在病中十分掛念父親的病情，在二十六日病癒後，立即戴上口罩、搭乘電車，前往探視父親。「父親恢復良好，不再出現咳嗽症狀，咳嗽藥已經停用。」

至於U先生在五位確診台灣人中，最後一位被採檢呈現陽性。他具有美國、中華民國雙重國籍，當美國來接機時問他：要待在日本、台灣、還是美國？他說要回台灣：「清明節快到了，我爬也要爬回台灣！」未料並未如願，而與其他一百位確診者，分乘三輛巴士、歷經七個小時的車程，被送往名古屋南部的成大醫院，只有他一位台灣人。

有人形容「鑽石公主號」像海上「病毒培養皿」，截至三月十六日為止，已有七百一十二人確診、六人下船後死亡。船上環境差，固然是原因之一，但日本政府防疫無能，才是主因。

首先，當慢性病患者藥物用罄，日本政府就應該讓他們下船，卻以無法提供足夠場所，加以拒絕。

再者，日本神戶大學醫院感染症內科教授岩田健太郎二月十八日登船，隨後在個人YouTube頻道上披露，船上用紅、綠兩色劃分的危險或安全區，中間只隔一扇門，進門後卻共用同一條走廊，根本無濟於事。

加上，日本採檢能量不足、速度過慢，首批採檢二百七十三人，就花了四天。相較於「寶瓶星號」，前後只花了不到一天，就將危機解除。兩相比較，有極大的落差。

《天下雜誌》報導，單單橫濱和川崎地區的檢驗能量，每天最多不到兩百人，即使結合八十三個地方衛生所人力，也只能檢驗一千五百人；同時間，他們還得應付武漢包機載回的國人，自然無法即時解決「鑽石公主號」的迫切危機。

另外，「鑽石公主號」上無症狀感染者比例高，研究報告指出，截至二月二十日為止，確診六百三十四人中，有多達三百二十人，並未出現任何症狀，若將潛伏期考量進去，比例也有十八％，顯見日本政府嚴重低估無症狀感染者的潛在風險。

最後，台灣針對「鑽石公主號」國人進行採檢，二採若為陰性，照樣進檢疫所隔離十四天；日本採檢結束後，竟讓民眾自由活動，令人驚駭。

台灣在二月二十一日展開「鑽石公主號」台籍乘客的救援行動，這是繼武漢包機、「寶瓶星號」之後，政府又一次的包機行動，任務要比前兩次艱鉅。

八里療養院護理長賴碧蓮從「鑽石公主號」開始傳出疫情的第一天，就緊盯著電視，十分擔心十多名台籍旅客的健康狀況，每天腦海中浮現的都是：「怎麼辦？怎麼辦？」因此，當衛福部附屬「醫福會」執行長王必勝整軍出發前，詢問她是否願意前往接機，她一口就答應了。

賴碧蓮有兩個女兒，大女兒已成年，舉雙手反對：「媽！我真不知道該怎麼說妳才好？妳每次都跑第一，這麼危險的地方，妳也要去？」

賴碧蓮從事醫、護工作超過三十年，受過加護病房訓練，具有專業執照，自信自己可以達成任務。為了增強體力、避免感冒，她每天吃綜合維他命，還逼自己喝一千CC的薑茶。

從疫情爆發的第一天開始，她每天都把護照、台胞證帶在身上，以備不時之需。女兒拗不過她，只好要她保重。「如果我們都改變不了妳，那請妳好好保護自己！」

她的另一半是高中老師，從事教職三十多年，在賴碧蓮前往機場的途中，傳簡訊給她，只有短短一句話：「我在桃園機場等妳回來！」她看了潸然淚下，覺得自己太任性了！

當一行人飛抵羽田機場進行通關，日本的海關人員看到他們各個全副武裝，嚇得不敢讓他們入境，只許他們遞出護照、人留在機上。

賴碧蓮記得，當看到國人走出牢籠的第一眼，只能用「疲憊」兩個字形容；其中魔術師陳日昇因為在船上沒有篩檢，神情黯淡，情緒低落。

當十九個人一看到他們，不約而同奔了過來，距離之近，幾乎貼到他們臉上。「他們都想早一點知道，隔離衣要怎麼穿！」

華航包機當晚七點多起飛、九點四十八分返抵桃園機場。機長知道他們歸心似箭，跟他們開玩笑：「我飛快一點，讓你們早一點解脫！」

回想從出發、到任務結束，已經午夜時分，有超過十個多小時，防疫小組不吃、不喝、不敢上廁所。賴碧蓮印象深刻，出境時四目所及之處一片漆黑，令她有今夕是何夕、不知身在何處的錯覺。當她打開手機，叮叮噹噹響得都是先前丈夫的電話遺跡；很快地電話又響了，另一半在電話那頭，依然只有短短一句：「妳在幾號出口？我來接妳！」賴碧蓮上車之後，發現車上擺著她最愛吃的地瓜和礦泉水，她餓得大口、大口吃著，心想：「回家真好、回家就好！」

二月初爆發的「鑽石危機」，最終有七百一十二人確診、十三人死亡。《華盛頓郵報》統計，自疫情爆發到四月下旬為止，全球至少有六十五位郵輪乘客和工作人員因染疫而亡，就如同一次又一次敲響喪鐘，只是尚無法敲響世人的警覺心。直到三月下旬為止，依然有郵輪航行海上，「珊瑚公主號」就是其中一艘。

三月五日「珊瑚公主號」在海上漂流多日，於四月四日上午停靠美國佛羅里達州的邁阿密港，當時船上有十二名旅客及十名船員確診、三名旅客死亡。中央流行疫情指揮中心於七日接獲外交部通報，準備迎接船上七名搭乘包機到英國、轉乘我國籍班機的國人返台。他們在四月十一日入境，五人聲明有疑似症狀，經採檢後四人確診住院隔離，其餘三人採檢為陰性。單單這七個人，就令防疫團隊疲於奔命。

其實陳時中所面臨的「郵輪危機」，不僅有「寶瓶星」、「鑽石公主」、「珊瑚公主」，還包括：「珍珠公主」和「威斯特丹」。就在他才送走「寶瓶星號」後，「威士特丹號」傳出三十八人發燒。

「威士特丹號」曾經在二月四日停泊高雄港，約有八十名乘客、搭乘二十輛計程車，進入高雄市區觀光。好在當日指揮中心立即派防疫醫師到現場，要求三十八名身體不適者留在船上，其餘乘客繳交健康聲明書，並且經過評估後才得以下船，在高雄市區也僅作短暫停留；但由於隔天「鑽石公主號」就出現破口，兩者之間只差了一天，因此經過專家會議討論，指揮中心在六日即宣布禁止國際郵輪停靠。

衛福部台北醫院護理長張莞爾，除了接血友病童母子返台之外，也為了搭乘「珍珠公主號」的一家人，而疲於奔命。

海上郵輪變調，公主不再是公主、威士也不再威風，好在疫情指揮中心過五關、斬六將，才煞了郵輪在海上的風景。

第 11 章

包機結

三十多年來，兩岸人民大規模互往，大致有四個階段，分別是：開放大陸探親、台商西進、兩岸旅遊，以及武漢台灣人包機返鄉。

自二〇二〇年二月三日第一架包機開始、中間歷經第二波兩架包機、再到四架「類包機」，總計政府執行包機任務，已陸續載回超過一千三百名滯留湖北的國人返鄉。

田小姐的母親是陸配，一月二十日農曆年前，她與丈夫帶著年僅兩歲的兒子，前往中國湖北宜昌市陪外公、外婆過年。一月二十三日小年夜，他們從新聞報導得知，武漢竟然封城了。

宜昌距離武漢有四百多公里，田小姐心想：應該不至於波及宜昌吧？可是當一位在宜昌工作的朋友，連續二十四、二十五日兩天打電話回武漢，始終聯繫不上家人，本想直接奔回武漢，卻不得其門而入；後來才知道，他的家人全都橫屍家中，已經好幾天。類似情形在武漢比比皆是，田小姐心中開始忐忑不安，沒想到最壞的狀況還是發生了。

一月三十日晚上十點宜昌封城，他和老公第一時間試圖離境，他們開始上網訂機票，再尋求母親一位在交警大隊服務的朋友協助，看看能不能搭火車或汽車出城。沒想到鐵、公路全都封鎖，就算買得到機票，也出不了家門。這時候她不僅僅是失望而已，還開始害怕。

她首先盤點身邊有限的物資，還好，因為兒子必須定期看兒科，所以她出門時帶了六片N95口罩，沒想到這六片口罩，竟然成為他們全家的護身符。她再上網搶購酒精和護目鏡，諷刺的是，等他們回到台灣，這些物資才送達宜昌。

前半個月，他們一家六口靠著過年的剩菜和囤貨，縮衣節食過日子，當時中國尚未啟動物資配送，撐不下去了，他們只好向武漢台胞返鄉自救會長徐正文求援。經過七、八道手續，徐正文終於將白米、白菜和蘿蔔送到。

在長達半個月無米無糧的日子裡，他們每天吃白麵條，為了將食物留給老人和小孩，田小姐和先生一天只吃一餐。有一天，她在家裡翻箱倒櫃，翻出一盒先前準備餵流浪狗的火腿腸，已顧不得能不能吃，一口氣囫圇吞棗，把整盒狗食都吞下肚。

兩歲的兒子因為長時間吃不到蔬果，嚴重脫皮，皮膚整個都翻起來；她的十指也凹陷得厲害。當走到這步田地，她陷入深深的絕望當中。

她之前就加入武漢台協的群組，發現對方態度消極，並沒有心解決問題，才又轉到徐正文成立的群組。

她知道，已有武漢台商搭首班機走了，但她並不抱怨。「我兒子那麼小、老公又有過敏性鼻竇炎、我也有慢性病——骨頭錯位需要定期矯正，屬於弱勢優先的一群，但是湖北省很大、資訊又不充足，光是宜昌到武漢，搭車就得五個小時；有些偏遠村落，要走山路出來，再搭車到武漢，至少得花上十多個小時。如果真的有可能，他們能搭上第二班包機也行，事前，她一定會做好萬全準備。

早在一月二十五日年大年初一，蔡英文總統即指示研擬包機赴中國大陸「撤僑」；二十七日大年初三，海基會即發函海協會，要求協助武漢台人返台；但海協會始終已讀不回，甚至對外駁斥：「台灣方面聲稱，已就各種管道與對岸協調，包括與海協會進行溝通，完全與事實不符。」

直到一月二十九到三十一日間，美、日、韓、英、法等國，紛紛派包機到武漢撤僑；加上三十一日，武漢首度傳出台商確診，台商人人自危，武漢政府才開始正式，並且連夜召開緊急會議，一邊向上級呈報、一邊協調民航部門，安排台灣民眾返台。

台灣政府指派行政院副院長陳其邁全權負責首班包機接機事宜。他在疾管署的戰情室內，召集國安會、陸委會和內政部等部門緊急會議，指示接機以防疫為主，循過去Ｈ１Ｎ１大流行時，我國以包機方式接回滯留南韓台籍學生返台模式，避免交叉感染，繳交健康申報表、通過發燒篩檢、進集中檢疫所隔離十四天。

為了尋覓集中檢疫所，陳其邁與行政院祕書長李孟諺忙得不可開交。李孟諺第一時間找的臨時處所，衛浴設備不夠完善，被陳其邁數落一番，立刻再循其他管道。陳其邁眼見班機就要降落，急得像熱鍋上的螞蟻。他突然把腦筋動到昔日同事、台中市長盧秀燕身上，並與台中市衛生局長曾梓展通電話，這兩位都是他可以說得上話的人。最終在台中找到檢疫所，連同烏來、桃園兩處，備妥三處檢疫所，就等待台商進住。

陳其邁在疾管局成立了一個戰情室，在過年期間就開始運作，私下他們都俗稱「後台」，對應陳時中所領軍的前線指揮中心。每次身處其中，陳其邁都有種在「衡山指揮所」戰情室監督作戰的感覺。包機返台前的幾個小時，他一邊緊盯下機動線、一邊處理隔離安置問題，只要一發現問題，他就直接打電話到前線。行政院等相關部會，也會及時向他回報。

陳時中突然請纓，要親上火線，到桃園機場去。「前線已經有指揮官了，你可以不必跑一趟，否則搞一整個晚上，你沒辦法睡覺！」陳時中依然執意前往，「我得親自到現場才放心！」

接下來的狀況，令陳其邁大呼不可思議。按事前雙方協議，我方提出的二百多人名單，必須與包機名單進行核對之後，才准許登機；但中方一意孤行，直到登機前一刻，才丟出「艙單」（登機名單），陳其邁一看，人數不僅多出許多，還都是英文名字。「靠腰！我們不同意！」我方立刻喊停，無奈包機已飛上中國領空。

經過這麼一折騰，所有人陷入兵荒馬亂——內政部緊急確認清單，有疑義者由陸委會出面聯繫。

東方航空在二月三日晚間十一點四十分降落，在台協、台辦主導之下，包機變成「特權包機」。陳其邁證實，機上大部分是台商、但也有少數陸配，所有名單都不在我方掌控之中。陸委會副主委邱垂正也向媒體證實，首班機回來的人，只有二成多符合我方所提的優先名單。

武漢同鄉會理事長陳光陸表示，武漢封城後，有好幾百位鄉親想要返台，求助無門下找上他，原本不關他的事，因為他是執行長，只好成立群組，收集電話、地址，將三百人名單送給台灣和武漢當局，他就沒事了。

徐正文也喊冤，當初他所提出的五百零一人名單，丟出去後就無權置喙。他曾經向海基會詢問，得到的答案是：「對岸已讀不回！」他在二月一日召開記者會，第二天首班機就傳出成行的喜訊。在武漢台協一手操控下，他發現多出三位「不明人士」，他也同樣傻眼！「老、弱、婦、孺優先，是我最早喊出來的，沒想到除了第一班包機之外，就連第二、三、四班包機，很多人也沒搭上！」，最令陳其邁傻眼的主要是，中方防疫出現破口！對岸聲稱旅客在登機前，全數都做過採檢；事實上，他們不是故意不檢，而是沒有核酸檢測，所謂「採檢」，只做了發燒篩檢。他們也沒有依約提供旅客健康聲明書。登機前一名台商確診，中方顏面盡失。

班機一抵達桃園機場，直接被推入維修公司機棚，檢疫人員穿著防護衣立刻登機檢疫，歷經三個多小時完成，兩人有呼吸道症狀、一人發燒，三人直接後送到醫院，收治於負壓隔離病房；其他二百四十四人分別送往三處檢疫所隔離，加入前述兩位有呼吸道症狀的患者，總計二百四十六人隔離十四天後，於二月十八日清晨返家。

陳其邁說，陳時中一直忙到早上六點多，二十四小時沒闔眼，當天又出席記者會，「鐵人」之名因此不脛而走。

接下來的談判，中方一直把過失推諉給台灣，談判陷入僵局，第二、三班包機因此遙遙無期。

兩岸角力戰接著開打，國台辦突然間向台灣提出九百七十九名旅客名單，比過去多出一倍，堅持由東航執飛，這樣強勢的作為，蔡英文總統無法接受。國台辦發言人馬曉光因此在六日晚間，措詞強硬抨擊：「台灣方面依然藉故拖延！」陸委會第二天凌晨提出反擊：「首批接返的人員當中，有兩人有呼吸道症狀、一人發燒，其中一人確診，產生防疫破口，足見陸方未落實防疫作為，造成同機人員交叉感染風險，不符合雙方商定的防疫優先共識。」

二月六日台灣政府宣布暫緩陸籍人士來台，陸委會卻大開方便之門，准許原本可專案申請的陸配子女入境，讓國民黨有機可趁，馬英九前總統除了痛斥民進黨縱容民粹輾壓人權，還帶頭發起「讓小明回家」的論戰，標榜不容骨肉分離的人道主義，主張陸配與子女都可入境，視之前政府頒布的禁令為無物，也考驗台灣防疫能量的極限，國人因此爭執不休。

二月十二日例行國安早餐會召開，陸委會主委陳明通在場，蔡英文和行政院長蘇貞昌雖然沒有當面訓斥他，但兩人面色凝重。為了迅速止血，府院高層一天內收回成命，由陳時中在指揮中心宣布，撤回陸委會之前所有對陸配子女入境的規定。「當初選擇國籍時，沒有選擇台灣、而選擇中國，就必須自行承擔！」「被父母丟包的小孩，沒理由要求國家接收！」

中方聲稱，二月五日有所謂第二班包機，其實自始至終都是單方面說法。在台灣解除「鑽石公主號」危機之後，蔡英文立刻提出「橫濱模式」，要武漢包機比照；加之，先前在我方護理人員陪同下，血友病童及其母親順利返台，只要中方以防疫為先、與我方核對名單、放下東航執飛的主張，第二班包機應該還有一線生機。

果然，在睽違一個多月後，經過雙方各自妥協之後，由東航、華航執飛第二班武漢包機，預計三月十日啟程。根據前往接機的八里療養院護理長賴碧蓮觀察，在整個接機過程中，雙方派遣的工作人員彼此相敬如賓，似乎深怕斷了下一班包機的生機。

田小姐記得，二月四日他們曾經做過一次體檢，包括：量體溫、照X光、過紅外線，並未做核酸檢測；以及二月五日台協、台辦曾經派專車到家裡接人，可是上路沒多久，就接獲通知：「台灣取消第二班包機！」她和老公只好帶小孩重返「戰場」，心情一下子從天堂掉到地獄。

三月九日那天，田小姐又接獲徐正文群組志工的電話，要求他們再去做體檢，她的內心喜出望外，知道返鄉之路就在不遠之處。這一次體檢，核酸檢測加了進來；而臨行前，中國統戰部和台辦再次出動車隊，挨家挨戶接人，先將他們送至集合地點，再轉乘小巴，歷經五個小時的車程，到武漢天河機場。中間每開一段路就停下車來量體溫和消毒。

進到機艙內，她放眼望去，大多都是爸、媽帶著小孩，也有高中生、慢性病者、老人、孕婦，一位陸配兩歲的小孩也在其中。遺憾的是，一位三歲心臟病童，無法上機。

十三位隨行醫、護中，衛福部嘉義醫院院長黃元德說，的確，當中有三位孕婦，由於他是婦產科醫師，也帶了生產器械包、新生兒急救、安胎藥等裝備隨機，以備不時之需。

賴碧蓮先前曾經執行鑽石公主號任務，這一次又主動請纓前往武漢接機。臨行前她不敢告訴父、母，在三月十日一大早六點多，前往機場集合，由衛福部「醫福會」執行長王必勝分派任務，十三人分成華航和東航兩組，她被分到東航組。王必勝看到她出現，才跟她解釋：「這就是我之前要妳保密的原因，我怕妳來不成！」

這次中方防疫工作，與首班機相比，可說大相逕庭。出發前，乘客不僅做過核酸檢測、繳交健康聲明書；出境時，還戴了口罩、量體溫、通過紅外線檢測。媒體報導中方拒絕讓乘客穿隔離衣，在乘客間引起不小的騷動，他們怕橫生枝節，自拍影片上傳，表達真實意願。

當國人看見他們前來接機，立刻靠向前來問：「你們是誰？」當知道是來接他們回家的，有年輕人高興得跳了起來；連東航地勤人員都衝著他們喊：「他們是來接你們的，是你們自己人！」

與華航乘客事先可穿好隔離衣登機不同，東方航空不准醫、護人員將裝備帶上機。賴碧蓮於是和夥伴上演諜對諜戲碼，先將四大箱裝備慢慢挪移到登機口，並暗示國人東西就放在那裡，她們有把握利用登機時短暫空檔，教會他們怎麼穿隔離衣。一張照片剛好拍下國人擠在空橋上著裝的背影，看了令人鼻酸。

原本預計在晚上八點多返抵國門的華航包機，因為在機場進行登機檢疫與名單核對時，二百零二位乘客中，有十一名未報到、十八名拒絕檢疫被拒；另外有二位突然發燒，為了慎重起見，班機重新滑回停機坪，讓他們在家屬陪同下下機。

我方防疫工作可說做到滴水不漏，包機即將降落之前，醫護人員即請東航空服員廣播下機流程，沒發燒的先下、曾經發燒的其次，有鼻塞、過敏等感冒症狀者留下、最後還要查看健康聲明書。正因為過程嚴謹，才使得華航班機延誤到晚上九點四十六分才起飛，等到達桃園機場時，已近午夜時分；東航依序在後，等醫、護人員換好衣服出來，已經凌晨一點多了。

當她打開手機才知道，原來母親看到新聞才知道她竟然前往武漢，焦慮到一連打了好幾通電話給她，令她感到於心不忍。

她和夥伴原以為，時間已晚，陳時中部長接完華航包機，應該不會來接他們；沒想到，當他們穿過長廊，陳時中竟從黑暗中鑽出來，他們喜出望外，像得到「彩蛋」一樣；而部長一句：「辛苦了！」令他們感動到說不出話來。

他們倚著部長合照，護理師擔心臉上的口罩勒痕，讓她們變醜，陳時中回答：「這是妳們光榮的印記、歷史的一刻！」

賴碧蓮計算，從早到晚，至少有長達十多個小時，他們身著防護衣，無法上廁所、也不敢喝水，對他們來說，無異是人體極限的大考驗。

不管是站在空蕩蕩的機場角落等候、還是從飛機上遙望空無一人的武漢大街，當她看到高速公路上沒有車輛行駛，以及交通號誌一直維持紅燈不曾變化時，她清楚感覺到新肺疫情對中國造成的影響，有多麼巨大。

當她和幾位醫、護談起華航包機上，那位被迫下機的孕婦和丈夫、小孩時，內心充滿著遺憾。「孕婦因為黃體素、加上緊張的關係，體溫稍高，在台灣三十七．四度可以過關，但中國限制不得超過三十七度，差那麼〇．四度，無法通過紅外線監測儀，她都已經上機了，先生、小孩只好陪她一起下飛機。其實這在醫學上是可以解釋的，如果我們早知道，他們就可以回家了！」

政府接下來，以華航定時定點的「類包機」模式，於三月、四月間，發出四架次班機，又接回近千餘人。在宜昌做表演工作的「奶綠」，就是搭乘首班「類包機」返台。由於不涉及兩岸協商，還是海基會親自打電話通知他的。

「奶綠」是在二〇一九年十二月二十一日前往宜昌工作，在一家酒吧表演，原本預計工作到三月底。未料酒吧在二〇二〇年一月二十一日停業，他原本想到新疆發展，沒想才一遲疑，兩天後武漢就封城了；一個禮拜後，宜昌接著封。他關在宿舍裡，那兒也不能去。「小區外每隔五公里，就有警察站崗，上街被抓到，得居留十五天。我在宿舍裡，連吃了兩個月康師傅泡麵，撐不下去了，就請家裡給海基會打電話！」

三月三十日那天，他持小區主委發出的「健康說明」、「鄂港澳台同胞監測證明」，以及通過核酸檢驗的「醫院檢驗報告單」，繳交二千一百元人民幣後，和六百、七百個人包車，從宜昌坐了兩天一夜的大巴，到一千公里外的上海浦東機場搭機返台。一路上每到一處休息站停靠休息，他又吃起泡麵；同車台商一家四口，小baby哭鬧不休，吵得他無法入睡；到機場時是早上十點，他等到下午五點check in、七點才登機；上機以後，又是口罩、護目鏡、隔離衣，實在夠折騰了。

台灣政府何嘗不是？

第 12 章

千里送丹藥

海基會千里送丹藥給血友病童的故事，是政府戰疫的外一章，但整個過程極端戲劇化，猶如電影情節一般。

十四歲的小宇是先天血友病童，領有極重度身心障礙手冊，每禮拜必須打一劑雙特異性單株抗體藥物，以預防出血。他的父、母七年前離異，小宇與父親和奶奶同住，但與母親感情甚篤，無話不談。馬先玲總是趁每個禮拜與小宇團聚的機會，親自帶他去看病、打針、用餐。

小宇從高醫領取針劑，每個月最多可領三次、六支針，每支要價三十幾萬元，每個月健保支出高達兩百多萬元。

馬先玲出身大陸高幹世家，父、母祖籍山東，定居湖北省中部的荊門市，父親任職陸企——航空航天工業部，業已退休，有高血壓、糖尿病，曾兩度進出加護病房。小宇三歲的時候，曾經返鄉探親，但因為有罕見疾病，出國不方便，所以中間隔了十一年未再回去，馬先玲擔心，若不及時返鄉，恐怕小宇再也無緣見到外公，因此在二○二○年一月十六日帶著兒子踏上探親之路。

馬先玲訂機票的時候，新肺疫情尚且無聲無息，可是出門當天，小宇爸爸特別提醒，中國疫情傳出，出門得千萬小心；但馬先玲認為疫情並不嚴重，況且他們只停留三個禮拜，大部分時間都待在家裡，應該不成問題。她也因此只幫小宇準備三個禮拜的用藥，不多也不少。

未料十九日疫情轉趨嚴重，她開始有不好的預感；只是萬萬沒想到，二十一日武漢竟然封城，小宇的藥只到六日，接下來該怎麼辦？她開始緊張！

「小宇這個病，身體得一直保持凝血功能，就怕內出血。他曾經好端端坐在椅子上，卻突然出血，這時候一定得趕快打針，否則會有生命危險。這個針不怕一萬，只怕萬一，隨時都得備著！」

馬先玲急中生智，心想要是有人可以從台灣把藥帶來，那該有多好！她於是找荊門「疫情中心」，後被轉介到荊門市台辦，從那裡知道荊門台商協會會長簡俊男，因為父親生病住院的關係，剛好在台灣，預計二月五日返回荊門與妻、兒團聚，而且樂意幫忙，她心中的大石頭才終於落地。

由於沒有小宇的健保卡，他的父親無法從高醫領取針劑。馬先玲於是請「血友病協會」出面協助，獲得健保署局特別通融，才讓小宇得以順利取得六支針劑，讓他再撐一個月。

以下一連串發生的事，可以用「陰錯陽差」四個字來形容。

起初馬先玲並不知道，台商有個後援會，已加入徐正文或陳光陸的群組，為了搶回台灣，群組裡已經炸鍋了。她從一位陸配朋友那裡得知後，也立刻加入群組。

後來她聽說，首班武漢包機可能在二月三日成行，小宇情況特殊，母子又都是中華民國籍，因此有機會被安排在優先名單內。

馬先玲這時候陷入兩難——到底要搭包機回去？還是留在當地等簡俊男把藥送來？最後她選擇了前者，原因之一是，小宇的針劑必須保持攝氏五度的冷藏，簡先生從台北到高雄拿藥、坐飛機到武漢、再花三個多小時車程到荊門，實在麻煩，於是她婉謝簡俊男的好意，決定搭包機回台。

二月三日中午十一點三十分，馬先玲接獲通知，要他們立刻收拾行李，到指定地點集合。馬先玲一下子愣住了，包機在下午兩點起飛，中間只有兩個半小時，她既要體檢，又得取得通行證，怎麼來得及？況且，荊門到武漢搭車要三個多小時，怎麼趕得上？「我如果早知道包機延誤到晚上十點才起飛，我就算拼命，也要帶兒子上飛機！」

首班機沒趕上、簡會長那邊也回絕了，怎麼辦？她緊急跟荊門台協、台辦聯繫，對方要她不用著急，因為第二班包機五日就要起飛，他們母子絕對可以順利上飛機。

馬先玲告訴自己，不能再有任何閃失，於是前一天就帶兒子去做體檢，再取得出荊門、武漢、中國各一張通行證，五日一大早拿著行李，與小宇上車。沒想到車才剛出小區，電話就來了，告知她第二班包機取消，唯一的希望落空，他們只好繼續坐困愁城。

他們所住的小區有三千六百人，是個大社區，武漢還沒封城之前，小區就提前自封，所以整個社區無人染疫；幸運的是，社區總有四個超市，每天可以開放一家戶、一人外出買菜，一日三餐不成為問題，她還因為在臉書貼出悶燒雞而挨轟。

可是每天空等也不是辦法，馬先玲又求助簡俊男。這時候，台灣海基會出手了！

海基會副董事長姚人多在臉書上紀錄了這段經過。就時機來說，只差半個月，但情形大不同。長沙的飛機停飛，如果要送藥，就近只能到鄭州；而荊門距離鄭州有五百多公里，途中有層層關卡。他問簡俊男：「可不可以到鄭州幫小孩子拿藥？」當聽到簡俊男回答：「如果有需要，我願意跑一趟！」海基會於是大膽啟動「千里送藥」計畫，至今為人所津津樂道。

二月八日晚上，姚人多請同仁到高雄取回兩支針劑，華信航空也接力，把藥帶上飛機。等抵達鄭州後，台協派專人到華信取藥，隨即則往高速公路上狂奔。礙於河南車輛無法進入湖北，因此簡俊男在兩省交界處的休息站接駁，一拿到藥，又飆車趕回荊門。當把藥送到馬先玲手中，已是十日凌晨的一點多鐘。簡俊男再開一百二十公里的路返家，簡直兵疲馬困。

這中間還有不為人知的艱辛。前述小宇的用藥必須保持在攝氏五度的恆溫，因此在送藥的路程中，裝藥的保麗龍箱必須持續換裝冰塊。簡俊男回到家後，接到姚人多的感謝電話，他瀟灑地說：「不用謝，這是我該做的！」

馬先玲記得，大約從二月十五日中午十一點三十四分開始，臉書充斥著謾罵她的留言，半小時累積三千多條，全都是些不堪入耳的話，她的心情大受影響。真正困擾她的是，從二月十八日開始，小宇的針劑又將用罄，她原本想請前夫跟政府協調，是否再啟動送藥？但由於國人一連幾天對她嚴厲批判，所以心一橫，決定自行返台。

她知道成都機場並未關閉，每個禮拜有一班班機直飛台灣。只不過，她有兩個關卡必須打通，一是取得出荊門、湖北和出國境的三張通行證；二是必須請海基會註銷她和兒子的註記。第一關她找簡俊男和荊門台辦副主任許成國幫忙，倒是不難；但是她在海基會這關，卻踢到了鐵板。

馬先玲跟海基會的蕭小姐通電話，對方不斷安慰她，要她再給一個禮拜的時間，「因為有些事還沒談妥！」馬先玲情緒崩潰，說：「我要的不是安慰，是要解決問題！不要把我拒諸於國門之外！」電話她全程錄音，原本還打算開記者會，擺出對峙的態勢。

馬先玲事後才知道，誠如陳時中部長所說，二月二十日高醫又開了四支藥給兒子，夠他用到三月二十八日；前夫也的確從高醫取走了針劑。因此她研判，海基會其實有啟動二次送藥的備案，只是沒有明說。

一週很快過去，馬先玲遲遲等不到海基會回音，在二月二十二日透過大陸全國台灣同胞投資企業聯誼會（台企聯）發表聲明，強調兒子的藥已用罄，恐怕將陷入待藥的危險期，若不立即打針，關節或全身會有出血的危險，將危及生命，希望台灣政府儘速發出第二班包機，好讓兒子馬上回台灣就醫。

她特別說明，小宇先前使用的舊藥，中、港兩地的確買得到，偏偏他在半個月前換了新藥，新、舊藥不能混用，否則會危及性命。

馬先玲的個性強悍，她不諱言，若是換上別人，事情可能會有不同的發展。她直接訂了二月二十四日的長榮機票，在簡俊男和許成國的協助下，一連打通中國、湖南省和荊門市三個台辦關卡、取得三張通行證，在二十三日與兒子戴著口罩和護目鏡，直奔成都機場。

從荊門、經重慶到成都機場，總長一千三百公里，需要十五個小時車程。許成國不但派了市台辦的公務車，還請兩名司機輪流開車。一路上馬先玲怕他們打瞌睡，不斷與他們聊天；途中也不敢下車用餐，連到休息站上廁所都格外小心。當走到這步田地，她不僅如釋重負，甚至內心還有小小的喜悅。唯獨兒子見不到正在居家隔離的「簡叔叔」，神情極為落寞。「你為什麼想見他？」小宇回答：「我想當面謝謝他，他是我的救命恩人！」她知道經過這件事，愛苗在兒子心中滋長，特殊的遭遇反令他成長。

馬先玲主動出擊，在成都機場遭到海基會攔截。海基會連忙與陸委會、中央防疫指揮中心開會，因應眼前的意外。

馬先玲被限制在機場不能任意走動，她卻相應不理，與兒子搭上公務車，去找就在附近開渡假村的大學同學；反倒是同學看她大辣辣搭公務車來，要她低調，以免橫生枝節。接著弄些吃的、喝的給他們。

等她轉回機場，發現會議還在進行，她怒火中燒，先在機場接受《中天新聞》的訪問，接著聯繫香港《鳳凰衛視》的同學，本想在機場開直播，逼海基會就範。

在前後折衝的四個小時空檔，防疫指揮中心緊急應變，先請小宇的主治醫師進行視訊診斷，再指派衛福部台北醫院護理長張莞爾前往成都。

當張莞爾接到醫院正、副院長的電話，大約早上九點多；等到疾管局親自打電話通知她，已經過午，令她訝異的是，飛機兩點三十分就要起飛，「這怎麼來得及？」

於是她飯也不吃了，先要女兒把證件準備好、幫她叫計程車，她則一路在高速公路狂奔，途中聯繫電話插撥不斷，長榮那頭也在催，她取得證件、坐上計程車、到達機場，距離登機時間，還有二十五分鐘。

這次任務，她是第一次、醫院第一次、長榮也是第一次，更遑論她的母親、丈夫（都不？）知道，就這麼，張莞爾單槍匹馬上了飛機。

登機前，張莞爾先幫他們母子量體溫、穿隔離衣、戴口罩及面罩，安排他們先登機。這班機並非包機，機上有八成的乘客，工作人員請他們往前移、將馬先玲母子放在最後一排，以維持防疫距離。下機時則倒過來，旅客先下機，母子倆兒殿後。航程中，空服員不服務、不供餐、少用廁所、也不與其他乘客共用。

接到臨時任務，張莞爾內心不免惶恐，她最怕無法處理確診者。還好行前，衛福部附屬「醫福會」執行長王必勝斬釘截鐵告訴她：「只要發燒，就不上飛機；機上還有另一名醫生，請她放心！」

馬先玲外表強勢，內心也有脆弱的一面。她十分在意輿論的撻伐。張莞爾有義務安撫她的情緒，想了想說：「我也是母親，如果換成是我，我也會想方設法讓兒子回來！」

小宇也跟張莞爾傾訴，「我已經好久沒睡好覺，一直很緊張！」張莞爾也安慰他說：「沒事了，我們就要一起回去了！」

小宇的健康狀況看起來還好，只是腳有點腫，走起路來不太方便。

飛機降落後，張莞爾先在停機坪幫他們量體溫，在完成一切檢疫作業之後，由救護車載往後送醫院，進行隔離採檢，兩次採檢都呈陰性，再被送進集中檢疫所，隔離十四天。

當馬先玲下機後，看見機場湧入大批記者和十幾輛警車、救護車，她感覺受寵若驚，並且無話可說。就此上了車，消失在人群當中。

第 13 章

空中危機

服務於國航的一位空服員，三月中寫信給陳時中部長，用「心碎」兩個字形容自己的心境。她擔心空服員被豁免在居家檢疫之外，將成為防疫的破口。

這名空姐提出兩個主要的問題，第一，在全球疫情肆虐之際，中央流行疫情指揮中心針對從第三級疫區回台的機組員，只要求自主健康管理，機組員恐怕將暴露在風險當中。

另外，旅客在登機前並沒有規定量測體溫，等到了上海之後，當地檢疫官全副武裝上機抽檢，沒過關的幾位，剛好都有武漢旅遊史。

一邊全副武裝、一邊手無寸鐵。空服員從爭取戴口罩、到護目鏡，猶如翻越一座座高山，總有人持反對意見，要不是深怕戴上口罩，不符合「儀服標準」，會引起乘客恐慌；就是戴上護目鏡，難不成想在機上焊接？還有人罵空服員得了「公主病」，怎麼不乾脆穿上防護衣？

二月七日一對台灣夫妻從境外移入確診，指揮官陳時中研判，他們平日生活單純，既沒有中國親友、也沒有中國旅遊史，休閒時也多半在騎腳踏車，在台灣接觸感染的可能性非常低；香港也不大可能，因為過境時間短、機場空間大；只有從香港到義大利的十二個小時航程，因為機上陸客多，飛機又屬於密閉空間，最有可能感染。當晚空服員在臉書上祈禱，希望組員能平安度過！

接下來只要班機載到確診旅客，他們就膽顫心驚。包括：

——澳洲音樂家來台表演，來回都搭長榮班機，航空公司只給商務艙十三位接觸者十四天防疫假，要他們居家隔離；至於非商務艙的十四位機組員，只需自主健康管理。當晚空服員落寞寫到：「一架飛機兩樣情！」

——三月七日加拿大公布一名確診病例，曾經搭乘長榮航空BR10班機由台北飛溫哥華，這是長榮第二度載到確診個案，長榮給予十二名機組員十四天防疫假，要求居家隔離。

——三月十五日一名中國留學生從巴黎搭長榮BR088到台北，隔天回程再次搭乘長榮BR765回成都，入關後核酸檢測為陽性。

——華航載到確診個案比長榮還多，三月飛抵桃園機場班次中，就有十五次之多；三月七日和十七日從桃園飛法蘭克福和成都，也載到國外確診案例，分別是CI61和CI551。

——三月十六日搭乘華航CI3的一名美籍陸客，隔天搭華航CI551回成都，十八日確診。

接下來爆發歐、美返鄉潮，光是三月十八日一天就新增二十三名個案，二十一例都是境外移入，創單日新增最多，使台灣的確診數破百。

疫情指揮中心為加強防疫，回溯追蹤在三月五日到十四日自歐洲、埃及、土耳其、杜拜入境（含轉機）的民眾，要求一萬六千人主動通報，並且居家檢疫十四天；三月二十二日又加碼回溯八日到十八日自美國、東南亞入境有症狀者約三千人，必須居家檢疫。

指揮中心規範「乘客」，卻讓航空公司機組員成為例外，眼見之前居家檢疫同仁，還在服勤、趴趴走，他們急得打電話向 1922 投訴，卻始終沒有得到回應。

「部長您好！我是位空服員。謝謝您自武漢肺炎發生以來，所做的所有努力與辛苦，您讓我們感到安心、並以做為一位中華民國國民，而感到驕傲！我們對您不僅完全信任、也絕對服從，並相信我們能一起攜手度過難關；但是您知道嗎？您豁免空服員居家檢疫的決定，令我們痛苦！」

「部長，我是爸媽的女兒、丈夫的妻子、孩子的母親、也有兄弟姊妹。從年初二開始到現在，我完全不敢回娘家，也不敢跟家人碰面。我知道自己職業特殊，深怕稍有不慎，會影響家人，這樣的壓力，我願意獨自承擔、也默默承受，但是部長對於從三級疫區回來的空服員，竟然豁免居家檢疫十四天，這讓我心碎！」

空服員所謂「陳時中豁免居家檢疫」的出處來自陳時中以下這段談話：「針對航空公司機組人員十四天的檢疫期，有特別規定可以豁免，若要進入社區，也要進行十四天的檢疫，如果要馬上轉飛，至少要有五天的居家檢疫！」

事實上，早在政府三月十七日宣布自三月十九日零時起，非本國籍人一律禁止入境，入境後須居家檢疫十四天時，華航和長榮早有對策，希望透過「特別管理辦法」，讓機組員免受十四天居家檢疫的約束，指揮中心也「從善如流」。

陳時中隔天三月十八日「剛好」召開第三次會議，修訂「國籍航空公司機組人員防疫健康管理措施作業原則」，規定機組員在外站必須待在過境旅館不得外出，回台後必須在公司設置的檢疫設施檢疫十四天，不得回歸社區；但附帶但書：容許航空公司可中斷機組員居家檢疫，安排繼續服勤。

在零與十四天之間，陳時中至少拉在必須有「五天」的居家檢疫期，但按照作業原則所附帶的但書，航空公司又儼然獲得一支「尚方寶劍」。公文中是這樣寫的：「惟前述十四天期間非為執行航空公司所指派之公務或為執行生活必要所需之活動，不得外出，也不應進入人潮擁擠處所。」因此空服員質疑：「從疫區飛回台灣，居家檢疫未滿十四天，又要服勤、回來後再居家檢疫、又中斷……，難道不會成為防疫破口？」

早在三月初就有國泰航空的空姐染疫，在三日到八日從馬德里飛香港期間，與同班機一名東莞乘客同時確診，被懷疑是在飛機上交叉感染，香港列為境外移入案例，我方政府卻沒有提高警覺。

之後台灣陸續爆發四起機組員確診案例，分別是：一位荷航副駕駛、兩位華航貨機機師，和一位國航空服員。

案232是一名長榮空姐，返台後在自主健康管理期間，依然到公司上班、也正常外出，待在家裡的時間只有兩天，隨後出現發燒、喉嚨痛、全身倦怠等症狀，自行就醫後確診。

華航內部員工向《上報》爆料，指兩名貨機機師案129，是華航波音七四七機隊的機師，案177與他同班機執勤，兩人都是高階教官，具有飛行執照考核資格。案129於三月十一到十八日執行台北到紐約和安克拉治的貨機飛航任務，在十八日由安克拉治返台途中出現發燒、咳嗽，華航安排他提早返台；案177則是在返台後才出現症狀。

消息曝光後，有多位機師向公司主管詢問，對方卻隱匿實情，謊稱：「沒有問題！」令其他機師大呼不可思議：「都有人確診了，公司還隱瞞接觸史；我們裝備不足，除了口罩、手套之外，別無其他防護，完全暴露在高風險之下。」

據他們了解，當時亞洲航班幾乎改為來回航班，機組員不能下機，但當地地勤，包括機務人員、上下貨物人員和清潔人員，都會進入機艙和駕駛艙，地勤為適應當地國情，都沒有戴口罩和手套，貨機機師與他們近距離接觸，難保不會交叉感染，也難怪會有人染疫。

疫情指揮中心建議，將排班間隔拉開、至少相隔五天，但公司陽奉陰違，只考慮人力不足，卻將航班排得更緊，他們完全不能拒絕。

到三月二十三日為止，長榮航班載到確診個案數已攀升為三十班，連空服員生日，都與確診者在機上一起度過。「十九日晚上我突然被告知，我所服務的芝加哥回程航班 BR55，載到確診病例，瞬間我氣到發抖、想吐，以最快的速度把家裡消毒一遍、把三個孩子洗乾淨、接著把自己關在房裡爆哭，因為從十六日到十九日這三天，我都跟家人在一起、還見了一些朋友……」

華航 CI011 班機被稱為「毒班機」，確診案例數多達十名，在指揮中心公布座位分布圖時，幾位機組員驚呼：「我們被確診者包圍了！」

凱維剛好在「毒班機」上執勤，為接觸者，被「居家隔離」，已關在家裡九天了。他回想，自己和機組人員只在紐約飯店短暫停留幾個小時，便搭機返台，他和同機組員比對座位分布圖發現，他們幾乎都被分配在確診案例的座位附近，開始擔心、害怕，「就算被傳染，我也不意外！」

當天他與機組員來回紐約一共三十多個小時，全程都戴著口罩，只有吃飯和覺得耳朵痛時拿下來過，但缺乏防護衣和護目鏡、尿布，又與確診者共用同一間廁所，他懷疑機上一位咳嗽不止的阿伯可能是感染源，事後確認，他果然「中獎」，所有同事都「剉著等」！

一位空服員三月十八日返國，出現發燒、肺炎等症狀，經二採呈現陰性，在醫院隔離十四天。她在病中發出親筆信：「您好，我是長榮空服員，因與境外確診乘客同班機，出現症狀就醫，還好二驗呈現陰性，……三月十八日疾管署為航空業解套，規定自三級警示區回來的機組員，無須居家檢疫，目前登機前未量體溫、又未強制乘客戴口罩，空服員只有丁腈手套（編按：橡膠抗化手套）和外科口罩護身，接到境外確診案例已經十幾班，真的不樂見成為台灣防疫破口，崩壞醫療體系，請醫護人員與我們一起重視空服員居家檢疫被豁免一事。」

空服員小莉主飛歐、美線，她感覺從過年開始，疫情變得嚴重，當時有短班同仁反映，每天重複在走道上走動，感染機率相當高，希望公司能准戴口罩，但直到一月底，公司仍端出基於「服儀考量」不准，還打包票說，「機上有Dyson空氣濾淨系統，根本不必擔心。」

「我們公司每年進行年度複訓，我被排在二月初，當時我跟教官反映，三十、五十個人共用兩到四套氧氣面罩和防火面具，又近距離接觸，彼此不知道對方從哪裡飛回來，其實有風險疑慮；但教官只要求我們用完，用酒精消毒，防疫措施慢半拍！」

根據她的觀察，自武漢封城以後，以來自中、港、澳地區旅客最緊張，不僅全程戴口罩、不吃東西，還有人穿著防護衣；但另一群人連口罩都不戴，呈現兩個極端。

「我飛巴黎的時候，載到一位台灣知名設計師，就堅持不戴。上機沒多久，一對來自中國蘇州的夫妻，太太先咳、有痰，商務艙旅客全朝她看。我上前關懷，問她要不要喝點水？對方態度不佳，解釋自己只是輕咳而已，也不要喝水，只要衛生紙。緊接著，她先生也狂咳、擤鼻涕，還不斷在艙間走來走去。鄰座的香港一家三口嚴重抗議：『我們就是避免感染才坐商務艙，結果竟然碰上活動病毒！如果他們再咳一聲，我們就要求換座位！』跟太太一樣，他強調自己不過鼻子過敏罷了，要了一包面紙去，很快就完了！」

小莉跟學姊討論之後，先把香港家庭和設計師換到另外一邊去，將他們與中國夫婦隔開；再拿兩片口罩，一片請設計師戴上，另一片則給中國夫妻加強防護。設計師原本堅持不戴，但當聽到香港旅客也狂咳起來，終於把口罩戴上。

小莉認為，歐、美疫情之所以嚴重，與他們缺乏防疫意識，不戴口罩有關。「勤務結束，我們從航廈搭電梯到一樓，準備搭交通車回飯店休息。電梯門一打開，當外國人看到我們戴著口罩，嚇得立刻一哄而散；我們到巴黎街上補貨，彼此商議不戴口罩，以免被誤認為是武漢來的；外站地勤若是在執勤時戴口罩會挨白眼，所以他們乾脆不戴！」

小莉老早預期，歐、美絕對一國、接一國淪陷。果然，她二月底飛巴黎，巴黎淪陷了；飛洛杉磯和西雅圖，去的時候才十個案例、隔天就飆升到一百例。她服務的班機原本都是中國客搶著出來，後來竟反過來，變成歐、美國人搶著回來，班班客滿，也是他們最危險的時候。

遲來的正義、不是正義，遲來的作為、也不是作為。華航、長榮、虎航等國籍航空，遲至三月二十二日才宣布，拒絕搭載不配合量體溫和發燒的旅客，也要求機上乘客全程配戴口罩。

至於空服員的居家檢疫，則隨著「大排長榮」與「華航不航」，而逐漸被淡忘。

第 14 章

大軍壓境

《自由時報》在二〇二〇年五月四日A3版的頭題，罕見批判中央流行疫情指揮中心，放任疫情嚴重的歐、美國家國人，可以自由返台，出現症狀也不須通報，直接可以上機；「毒班機」因此應運而生，全靠航空公司和司機、旅客自顧生死。邊境管制出現武漢、歐美兩套標準，引發議論。

對於指揮中心為六十多歲、具有雙重國籍的日本媳婦緩頰，澄清她之所以返台，是因為處理重要私事。對於這樣的說法，《自由時報》顯然並不買單，痛批政府只顧確診者的「醫療人權」，卻未防範有症狀者在登機前未盡通報責任。面對層出不窮帶病移入的狀況發生，政府應該負一定的責任。

消息見報之後，陳時中一大早就打電話給總編輯鄒景雯；事後鄒在臉書上公布了部分談話內容。「部長急切且誠懇地要跟我說明他的決策考量，一路滔滔不絕，不知講了多久，我仔細聆聽，並隨時有空檔就切入插話，這通電話一直講到有人提醒他要開會了才做總結。部長所說的內容，日後他會實施，在此不做多述，至於個人回應的部分，主要有以下幾點：A.論防疫成效，阿中部長率領的專家團隊，已經可以打一百分……」

《自由時報》提到的案430，只是個案而已。事實上，因為政府對防堵武漢和歐美疫情，出現過與不及的兩套標準，不僅自食苦果，還搞得人仰馬翻，最高紀錄一天追蹤五萬五千人，也令國人陷入高度危機當中。

截至五月十六日為止，四百四十個確診案例中，境外移入就占了三百四十九例，本土五十五例、敦睦艦隊三十六例，比例相當懸殊。

「歐、美以為疫情集中在亞洲，警覺性不夠，等到疫情傳播速度快到，每天、每個國家都幾百個、幾百個案例數公布，各國邊境也一直封、一直封，我發現邊境已經沒辦法管了，於是在國安會議上建議，乾脆全禁了！當時陳時中部長也在，負責提供發生數和盛行率。我們並沒有晚。」

陳其邁說，那種感覺像「萬箭穿心」，即使他們想辦法從機場抓人，也只能抓到四十五％；至於其他的五十五％回到社區，也只能進行回溯。好在當時，防疫系統運作已臻成熟，並未發生大規模的社區感染。

政府回溯居家檢採，非畢其功於一役，而是分成前後兩個階段。首先在三月十八日宣布，自即日起回溯三月五日至十四日，曾到過歐洲或在杜拜、埃及、土耳其等地轉機國人，進行居家檢疫，追蹤人數達一萬六千人。說將回溯採檢，事實上只召回五百五十人採檢。

第二階段，是在三天後，才加入三月八日到十一日，自美國、東亞國家入境後出現症狀者，透過健保系統勾稽出三千人，進行雙併式檢採。

亡羊補牢，已經晚了。

四月六日中央流行疫情指揮中心公布一起本土病例（案365），是名僅有四歲的男童，被在美國工作返台的祖父感染，發病後曾經到幼兒園上過四天半的學，確診後除了令幼兒園停課十四天，最重要的是，也令其他三十多位同齡兒童處於高風險當中。光是這起案例，也凸顯回溯採檢並非萬靈丹。以案356來說，三月十七日自美返台後，理應出現在回溯採檢的陣列中，卻因為他並未出現不適症狀，等到妻子確診後，才被匡列為接觸者，遲至二十五日出現發燒症狀，經通報採檢，於四月六日確診。

男童還有一位弟弟，採檢為陰性。

中研院群聚感染事件，是另外一個例子。中研院博士後研究員（案124），遭赴美開會的指導老師（案124）感染，該名老師回台後第四天，曾經因為頭痛到診所就醫，隔了六天，經採檢後才確診。

由於研究團隊共有四人，因此也波及另兩位來自德國（案168）和奧地利（案169）的研究員；與案168同住的室友（案186）也受牽連。

三月十七日一名南部的大學生，自德國返台後確診，造成校方停掉九門課，臨時改為線上教學。

中研院爆發群聚感染，以為強調四人同在一個環境工作，已針對整棟大樓進行消毒，就可以息事寧人；問題是，台灣大學過去兩週內，與中研院接觸過的教職員工，就多達七百三十二人；加上，他們向中研院調取確診者足跡遭到拒絕，對方還抬出疾管署撐腰，台大在忍無可忍之下，在三月二十七日深夜發出聲明稿。

專家咸認為，政府直到三月十九日才將歐洲升為第三級警告，已經慢了半拍。光是三月十四日到二十一日新增的八十五名確診個案中，七十九例都是來自境外，而且多數具有歐洲旅遊史。也因為就慢了這半拍，「埃及團」七旬老翁命喪黃泉、「奧捷團」導遊與母女一死二重症、「毒班機」回來、四名航空機組員確診，旅行社與旅客間為了退費問題，也始終爭執不斷。

指揮官在三月十六日宣布，將針對前往三級疫區的「明知故犯者」，施以鐵腕，除了將取消居家檢疫十四天一萬四千元，還將公布確診者姓名。與其如此，還不如早點將國門鎖上。

台灣海外留學生和交換生共有七萬餘人，在歐、美各校陸續停課、連宿舍都關閉的情形下，只有返鄉一途；而政大等多所大學，自三月中起，即主動聯繫其中三萬多交換生，要他們儘速返國。

七萬多人大軍壓境，指揮中心將如何因應？民進黨立委莊瑞雄預見此一問題，在立法院向指揮官提出質詢，陳時中坦言：「很頭痛！」指揮中心所能做的是，由疾管署長周志浩對學生訴求，搭機風險大，希望留在當地。他的呼籲不僅乏人問津，也與各校作法分歧。

三月十九日，桃園機場檢疫站前大排長龍，光是等待審核居家檢疫通知書等文件，就需要花上兩、三個小時。當晚，全台三十四個實驗室，也燈火通明。

三總感染科主任張峰義在接受媒體訪問時指出，先前從中國大陸返台國人，是疫情第一波高峰，台灣守得不錯，每天的確診案例，大都維持在個位數；當全球疫情急速升溫，國人從世界各國蜂湧而來，為台灣帶來第二波疫情高峰，風險更高。

三月十八日限制非本國籍人士入境，時機已晚？陳時中回答記者的問題說：「我們認為剛剛好，但再不做就會嫌晚了！」

政府的確不能將國人拒諸門外，但也應有更嚴謹的作為，對帶病或吃藥退燒未通報者不罰，而只需居家檢疫十四天。對比武漢台人，有人質疑除了必須搭包機或類包機回台，發病後不能登機，入境後，還得到「集中檢疫所」閉關十四天。這已不是差別待遇的問題，但政府站在防疫最前線，真有動輒得咎的為難之處。

病毒不分國籍，來自歐、美的病毒一樣可怕。某大醫院感染科主任透露，第一例自境外移入案例，是一對夫婦和兩位二十多歲的兒子（案14、15、17、18），一家四口二〇二〇年一月二十二日自香港轉機到義大利旅遊，第二天就出現狀況，中國大使館一月二十三日接獲通報後，特別請義大利醫生去幫他們看病。他們在二月一日返台，一月二十六日到二十八日即出現咳嗽症狀，返台後四人確診，不僅帶病入境，而且因為團員中多來自武漢，又在香港轉機，將怎麼查感染源？邊境管理又怎麼做的？主任說：「早在他們在義大利時我就聽說了，導遊是台灣人，回國以後也發病。」

觀光局主祕之子（案277）帶病入境，令駐桃園機場的內勤員工（案269）和五歲兒子（299）雙雙確診，幼稚園驚魂不說，離奇的是，他在菲律賓因血尿、發燒和喉嚨痛等症狀，在菲律賓住院三天，疫調第一時間註明發病日為三月一日，等輿論譁然之後，指揮中心又改口，稱他是在二十二日發病後才回國，兩者差距有三個禮拜，事實真相為何？現已成羅生門。

台灣防疫備受國際讚譽，終於把旅居美國長達三十年的夫妻檔（案384、393）給盼回來了。遙想當年兩人棄台從美，不過才三、四十歲，要不是疫病當頭面臨生死交關，他們豈會如逃難似地逃回台灣？先生（案384）搶到機票先行返台，經同班機旅客指證歷歷，說他拼命在飛機上吞藥；而他的夫人早他四天發病，拖到十日才買到機票，眼看台灣就近在咫尺，她不等疾管局註記、謊稱喝牛奶造成腹瀉、把航空公司蒙在鼓裡，就這麼大剌剌地侵門踏戶。

世上只有台灣好。只有高度重視醫療人權，才縱容出「馬爾地夫的巨嬰」，敢於從三月一路鬧到五月、從國外鬧到國內。

台灣頻頻出現「0紀錄」，卻一次、又一次地被打破。如果重來一次，政府會保證，雖千軍萬馬吾往矣嗎？

第 15 章

海上喋疫

當台灣「敦睦艦隊」前腳駛離帛琉，新光醫院醫療團後腳就來。當聽說「磐石艦」染疫，立刻跑到碼頭去看。

帛琉港口很小，磐石艦靠不了岸，應該是「康定艦」才對，是不是搞錯了？經過進一步確認，磐石艦是以接駁方式上岸；另一艘「岳飛艦」則停留在外海。

新光醫院醫療團四月九日從屏東東港出發，載送呼吸器和檢測所需「生物安全櫃」前往帛琉，協助該國建置與新光同等級的「核酸實驗室」。

陳時中第一時間在記者會上，將這起事件劃分為境外移入，雖然第二天立即改口，避開境外或本土，以「敦睦專案」稱之；但帛琉當局不服，民眾也反彈，剛好利用「核酸實驗室」作處女秀。

新光醫院國際醫療服務中心副主任張淑儀透露，第一波他們先對帛琉的總統、副總統、外交官員和第一線工作人員進行檢測，一百多人都呈現陰性；第二波四百多人的擴大篩檢，則在四月二十日進行，包括：機場、旅館工作人員和台商，都呈現陰性。

較為特殊的是，帛琉一位來台實習的軍校畢業生，當時也在艦上，因為放假隨艦返港、回到台北。聽說磐石艦染疫，室友嚇得哭了，主動通報採檢，還好室友們都呈現陰性。

國防部長嚴德發說明，敦睦艦隊進行年度演訓，是他和參謀總長黃曙光共同做的決定；二月十九日向蔡英文總統報告，總統表示尊重，第二天由他親自核定。

公衛學者詹長權認為，船艦是密閉空間，很難保持社交距離。美國「羅斯福號」和法國「戴高樂號」，都有前車之鑑，當時許多國家陸續傳出疫情，出航的決策顯然思慮不周，最好的做法就是不要出去。

《上報》報導，二〇二〇年因為疫情的關係，連漢光演習都停了，為何「敦睦艦隊」非出去不可？

敦睦艦隊離開帛琉後，往西南、進入新加坡以東的南海海域，再往北、經太平島外海返回高雄左營；航徑與美國航母群與澳、紐聯合軍演的時間重疊，這或許是箇中原因。

有關敦睦艦隊回程是否真有祕密任務？國防委員會立委王定宇婉轉表示，當時遼寧艦在東部，岳飛艦和康定艦回來之後，又出海進行監控。

蔡英文總統明確說，除了帛琉之外，敦睦艦隊沒去過別的地方。

嚴德發四月二十二日上午在立法院原本說有，到下午改口與總統統一口徑。只是根據敦睦艦隊「安全回報」資料顯示，當時艦隊出沒的海域，為東經十六度二十二分、北緯零度四十七分，是敦睦艦隊航行的最西點，位處新加坡以東、婆羅洲以西，是南海的南緣。

敦睦艦隊三月五日出發，三月十三到十五日停訪帛琉，四月十五日結訓。海軍參謀長敖以智十五日當天在立法院備詢時粉飾太平，說：「艦上官兵身體狀況都沒有問題！」國防部也信誓旦旦說，出發前，均依照規定穿戴防護衣、N95口罩、護目鏡、手套等全套防護裝備，並由軍醫專業人員實施勤前教育。兩種說法，都備受考驗。

當四月十七日獲知磐石艦上有兩人確診，執政高層無法坐視，當天就派員前往左營海軍艦隊指揮部（艦指部）調查，不僅詢問醫官，也查看安全紀錄。這名官員說：「敦睦艦隊出訪規格很高，行前我們都很小心，但軍方說一套、做一套，在船上根本沒戴口罩，規矩也很差。有症狀者，醫官當成感冒；支隊長也未通報。外界以為，只有發燒不報，事實上，連牙齒痛都沒報。」

「我第一天問醫官，他說有報。對，的確有報，只報肚子痛，連半個發燒都沒有，完全不按照標準作業程序走。結果下船後，五個住院隔離。」

王定宇看過「安全回報表」指出，醫官的確報了八個，嘔吐有報，但發燒卻是零，艦指部則一個都沒有往上報。「支隊長陳道輝在四月六日行文國防部、國防部隔天通令艦指部、九日組成聯檢小組，關鍵是，疫情指揮中心在四月一日將嗅覺等三樣態，列為異常通報標準，當十一、十二日兩天，兩名官兵出現味、嗅覺異常，但聯檢小組的檢查表上，卻完全沒有。」

「從醫官、支隊長到聯檢小組，都有責任，但聯檢小組的問題最大。依照工作規範，船程中，每天下午兩點必須進行健康回報，艦上明明有八人發燒，支隊長陳道輝卻說五人，經醫療小組診斷，其中四人為一般感冒，所以他只回報一人，事後證實，那位學員不過扁桃腺發炎，檢測後也為陰性。」

「聯檢小組」由後勤、監察、保防、軍醫和法務等單位組成，這次登艦成員包括：組長——海軍艦指部後勤副參謀長、幕僚軍官和高雄左營醫院醫師，但沒有軍醫局和疾管局的人在內。

王定宇認為，聯檢小組痼習難改，向來以督察和保安官為主體，登艦主要查走私和有沒有帶違禁品，常常勾一勾、填一填就交差了。這一次或許也是看看資料就放行。原本四月十五日才准下船，前一天就放走一百多人。

陳道輝解釋，四月十四日上午聯檢小組檢查、確認支隊各艦狀況正常無誤後，他是依照「一〇九年敦睦遠航訓練支隊實施計畫」執行他個人權責，通令各艦解除梯口管制，並依艦艇常規實施放假。

國防部發言人史順文坦言，敦睦艦隊出航前，並未知會疫情指揮中心；國安會副祕書長蔡明彥、諮詢委員郭臨伍、傅棟成，曾參加中央疫情指揮中心會議，也沒將敦睦艦隊的事，端上檯面討論。

陳其邁在四月二十四日召集嚴德發、陳時中，與軍醫局長陳建同開會，要求國防部在一週內，將各艦隊、雷達站、陸軍基地、砲兵營等防疫工作指引，全都檢查一遍，絕不能再重蹈覆轍。

重要的是，陳其邁下令將疾管局與指揮系統鏈結，進行平行對接；專家會議成員中，原本有一位三總胸腔科醫師，他要求再加入兩位軍方人士。

不過他解釋，由於敦睦艦隊任務特殊，所以疫情指揮中心無法直接介入，但該通報的、還是要通報；有疫情不通報，最令人擔心。

陳時中忙著補破網，緊急召回三艦七百四十四名官兵，進入七個集中檢疫所，進行隔離、採檢。

接到細胞警示簡訊的民眾，有多達二十四萬人。地方政府頭也很大，光是前二十四例確診官兵，在未召回前，足跡遍及全台灣，北從基隆、中到台中、南到屏東，跨越十個縣市、九十處地點；搭乘的交通工具有計程車、客運、公車、高鐵、台鐵、捷運；所到之處涵蓋商場、百貨公司、餐廳、夜市、旅館、健身房、各大景點……。

台中市有三位確診者，其中案399，四月十二日出現頭痛症狀，隔天向醫官報告，因為體溫量測為攝氏三十六．六度，被醫官診斷為一般頭痛，十五日下船返後，隔天就到診所看病，經通報採檢後確診。

案397在四月初即出現上呼吸道、頭痛、流鼻水、咳嗽、嗅覺異常等症狀，與在十三日出現嗅覺異常的案398，在船上均未向軍醫通報，直到下船就醫之後確診。

案401在十五日下船到十八日回營區，接觸過五個人，較為特殊的是，十五日當晚曾與台中市政風人員在露天咖啡座喝了一個小時的咖啡。

案404在四月十三日因喉嚨痛，到醫護所看病，十八日回營後確診。

為求慎重起見，指揮中心針對磐石艦七百多名官兵進行三次檢測，直到五月四日七百一十一位官兵解除隔離前、進行兩次採檢時，又陸續增加了五例，其中赫然出現四名無症狀感染者，推測原因為體內病毒非常低，一採時才驗不出來。總計磐石艦確診案例為三十六例。

原本外界擔心，磐石艦將成為社區防疫的破口，官兵女友也恐將成為重災戶，但這些情形並未發生。陳時中最後下了個註腳。他拿磐石艦與法國戴高樂號、美國羅斯福號做比較，侵襲率分別是九．五％、五十二％、二十四％。數字會說話，陳時中輕舟已過萬重山。

第 16 章

生死之間

截至二〇二〇年四月底為止，台灣因新冠肺炎疫情死亡者有六人。對國人來說，他們不過是陳時中口中一個案號；實際上，他們背後都有一個令人感傷的故事。

陽明醫院胸腔內科醫師蘇一峰指出，加護病房病人每天都使用四種維生管路，其中痛苦指數最高的是氣管內插管，其次是插鼻胃管、氣切管和尿管，病房幾乎天天傳出病人的哀號聲。

莊人祥分析，重症患者大多使用呼吸器，最年輕的一位只有二十歲。

從事旅遊業者，應該是染疫高風險族群之一，光是分布在松江路上的旅行社，就多達二百六十二間。

當案108「奧捷團」領隊不幸病逝後，同業紛紛將臉書大頭貼換成黑色；因為家屬再三要求低調，他們也絕口不提他的二、三事；即使出席他的喪禮，也都靜靜地來、悄悄地走，每個人都低頭不語，臉上掛著莫名的悲憤。

三月五日，案108帶團到奧地利和捷克旅遊，十四日返台，依規定居家隔離十四天。他在十六日晚間，還在臉書秀出關懷包，似乎很滿意意外獲得的零食。沒想到十九日確診、二十九日就過世，前後不過短短幾天。

專家小組召集人張上淳分析，從過去流感併發重症發現，體重過重是危險因子，「奧捷團」三位重症患者，都有同樣的狀況。

他胖沒錯，但在同事眼中，他科班出身，畢業於高雄餐飲大學，第一份工作就是到旅行社，資深、活潑、熱情，前後待過兩家旅行社，原先帶中國團、近幾年改帶歐洲團。他經常在臉書上分享心情點滴，總是令人開心的事。

他四十多歲，有二個小孩，喜歡露營，出國前跟朋友約好，回國之後要一起去。沒想到悲劇來得太快，他竟然爽約了。

他的同業透露，案108是遭團員中一對母女感染；比對疫情指揮中心所公布的資料，她們均為重症。

值得重視的是，一般領隊帶團，與旅行社打的是委任契約，行程結束之後，委任關係就結束，旅行社不會幫他們納勞、健保，對病逝的領隊只有道義責任。

案55也是領隊，五十多歲，三月三日到十二日帶團到埃及旅遊，返國當天出現全身倦怠和肌肉痠痛等症狀，主動就醫，因發燒不退，通報採檢確診，收治於負壓隔離病房中，為三月新增個案中，少數病情較為嚴重者。

當知道他因何染疫，不禁令人敬佩。外界有所不知，他帶的三十幾名團員都是聾啞人，為了讓他們讀取唇語，領隊在疫區全程都沒有戴口罩。

案291是旅行業業者，自印尼峇里島自由行返台後，與旅行社主管案335喝咖啡，短短一個小時，就令對方染疫。陳時中在四月二十四日證實，案335轉為重症，裝上葉克膜，反倒是案291狀況良好。

案108帶領的「奧捷團」，十七位團員有九位染疫；案55帶領的「埃及團」，爆發群聚感染，三十二位團員有十人確診，其中七十多歲的案101，因病情持續惡化，不幸於四月九日病逝。

根據統計，二〇一九年搭飛機旅行人數有四十五億四千萬人次、郵輪有三千萬人，飛航令疫情迅速擴散，航空業大多及時主動停飛，郵輪業者則反應過慢。

國籍航空空服員小莉主飛歐、美線，三月十八日返國，既不在回溯採檢範圍內，也無須居家檢疫或隔離。

依照十八日中央流行疫情指揮中心第三次會議，針對「國籍航空公司機組人員防疫健康管理措施作業原則」，僅規定空服員下機時，應提供健康管理文件，並應留在居所不得外出，直到最近一次任務返台十四天後解除；但附有但書：「惟前述十四天期間非為執行航空公司所指派之公務或為執行生活必要所需之活動，不得外出，也不應進入人潮擁擠處所。」

簡言之，若是公司指派任務，小莉必須立刻返工；否則她如果有生活上的需要，還是可以外出活動。因為只是自主健康管理，所以小莉偶爾戴口罩外出，只是避開人潮擁擠處所。

小莉透露，所謂「健康申報表」，往往流於形式，有同事連體溫都忘了填，工會幹部在收單時竟然說：「沒關係！」

之前健保卡沒有註記空服員職業別，也無法顯示入出境紀錄，他們儼然成為化外之民，因此她擔心，自己會成為防疫破口。

小莉擔心的事，後來發生了；只不過她情況特殊，既非確診病人，卻在醫院留滯了十四天，就像徘徊在「陰陽界」。

「返國後我有發燒、肺炎症狀，但二次採檢都呈陰性，醫院也發出『解離通知書』，卻依然將我隔離在醫院。」她懷疑是她的職業作祟！

「我如果不是居家檢疫，就無法請假，沒有薪水，還會影響考績。」於是她打三輪電話給疾管署、民航局和衛生所，公司也幫她上公文，最後都無疾而終。

「我只能猜，是否驗出弱陽性，所以醫院才不會告訴我是否確診，只要我體內還有一點點病毒，他們就不會放我出去！」

住院期間，小莉反覆量血壓和體溫，她的抽血指數正常，卻始終發燒不退，一直在三十七、三十八度左右。醫生給她抗生素和克流感，卻還是無法退燒。

她的兩個小孩由阿公、阿嬤帶，她倒不擔心；可是內心的罪惡感，卻讓她差一點崩潰，每當她想起曾經接觸過的上百人，包括：至親、小孩、同事和朋友，她就頗為自責。

在醫院煎熬了十四天，她回到家裡，又開始十四天的自主健康管理，前後快一個月，她一個人被關在家裡，看不到小孩，變得心浮氣躁。「所以我現在很珍惜可以自由活動的每一分、每一秒！」

「鑽石公主號」上的U先生確診後，從橫濱搭了七個小時的巴士，進入名古屋南部的成大醫院。雖然一路上道路淨空、有衛生車隨行、每隔一小時停靠休息站休息、車上也備妥水和便當，但畢竟路途遙遠，他又是病人，足可用「顛沛流離」四個字來形容。

進入醫院隔離檢疫，他二次採檢呈陽性，可是第三次卻出現陰性，始終處於「時陰時陽」狀態，以致在醫院待了十幾天才解離。

對於駐日代表處大阪辦事處對他的噓寒問暖，他特別感念。「我一個人在異鄉、又住在醫院，要不是他們關心，我可能撐不下去！」最令他感動的是，代表處用快遞送來又大、又甜的草莓給他，還包裝得十分精美。「我長這麼大，從來沒有吃過那麼好吃的草莓，用手機拍了照片，傳給我孩子看。結果他們跑到超市一看，發現一盒要價二十元美金。」

U先生先前開玩笑說：「我爬也要爬回台灣！」出院時，是代表處人員親自到醫院接他，再請防疫計程車，把他送到機場，「一路上表一直跳、一直跳，總共跳了兩萬六千七百元日幣！」

上、下飛機，他都坐著輪椅，從後艙門上、下；入境高雄時，也享受特別通關待遇，讓他受寵若驚，直呼：「我這輩子第一次當王永慶！」

反倒是高雄民生醫院的負壓隔離病房，沒有報紙和盥洗用具，讓他不太適應，他顯得有些心浮氣躁。護理人員對他的要求使命必達，不管是他指定要看《自由時報》和《蘋果日報》，一定看得到；還是他突然想吃虱目魚，也絕對能夠滿足他的口腹之慾。

經兩次採檢呈陰性，等第三次採檢，他沒有痰，耽擱了一會兒。醫生聰明，用一顆糖解決，三採又呈陰性，他終於歡喜出院。

疫情衝擊，對幾位年輕人來說，堪稱此生最難忘的經歷。

三十多歲的秋口在一起本土群聚感染中染疫，她在臉書發表〈一位確診者二十二天抗疫告白〉，授權作者引用。文章中寫道，確診後她所面臨的第一道關卡，就是疫調。當疫調人員問她：十四天去了哪裡？是否有外國旅遊史，或認識從國外回來的人？她是SOHO族，沒有既定行程，所以絞盡腦汁後，還是無法回答；至於可能的感染源，她懷疑男友J海工作環境複雜，頻繁接觸許多人，只不過她討厭別人觸探隱私，因此給了「否」的答案！

秋口屬輕症患者，初期只有輕微發燒、身體疲軟等症狀，就像感冒一樣，「醫生沒有騙人、也沒有不專業，他正確診斷了九十九%的病人，而我是少數極端的特例！」

當她接到確診通知時，連收衣服時手都在抖，並且哭著跟男友視訊。

至於在醫院的日子裡，她最害怕睡前，「各種夢魘都會開始講悄悄話，一些海外年輕健康案例，怎麼樣突然呼吸困難，甚至沒有幾天就失去生命。」

其實她更擔心同時住在負壓隔離病房的男友，怕他愛運動、卻再也無法運動；擔心他愛吃美食、卻因為嗅覺喪失，無法再聞到臭豆腐、皮蛋和雞屁股的味道，「那該怎麼辦？」

她比較彼此的症狀，發現她自己是味覺變異，經住院治療，不管是男友失去嗅覺，還是她喪失味覺，以及肺部纖維化等問題，都獲得解決。

留英學生曾加逃過鬼門關之後，也撰文〈先生，你是陽性！〉一文，投書媒體。

他在〈我在負壓隔離病房的二十四天〉的自述中提到，自英返國前一週，為了怕成為防疫破口，曾經紀錄自己的體溫，確認沒有任何病症，才安心搭機返台。可是就在某一天的傍晚，他突然接到衛生所的電話，說：「先生，你的報告出來了，是陽性！」他隨即展開一段奇幻的隔離生活。

穿著全套隔離衣、戴口罩和護目鏡的醫、護人員，陪他一起上救護車，他感覺跟電影演的完全不同，車內全都用塑膠袋封住，所以當車駛離家門時，他只能從縫隙中看到驚嚇不已的鄰居們。一路上，就像倒帶一樣，腦海中不斷浮現過去一週的點點滴滴，他試圖從中找出感染源。

進到醫院的隔天一大早，當他看到醫、護人員全副武裝進來，他感覺自己就像「生化武器」。

第一次做鼻腔採檢，過程雖然只有短短三、五秒，但是他的眼淚還是忍不住奪眶而出。他認為，台灣的採檢工作世界第一，必須擲三個聖筊，才可以過關。起初他並沒有那麼幸運，在第二次闖關失敗；等到第二十三天，醫、護分別穿著白袍和粉紅色制服進來，並且神情雀躍，他就知道，自己可以出關。

隔天，他換上便服、走出病房時，竟然開始回味二十四天來生命中那段詭異的奇幻漂流。

第 17 章

左輔右弼

「數位政委」唐鳳受訪時笑稱，指揮官陳時中是個「超強直播主」，這個形容很精準，如果沒有「千手觀音」和「強力右臂」在背後支撐，他是不可能在台前大放異彩。

行政院副院長陳其邁在疾管署有個「後台」，進行超前部屬。他公衛出身，對疫情掌握精準，在陳時中接下指揮棒前後，一路運籌帷幄。

二〇一九年十二月三十一日，陳其邁針對武漢肺炎疫情召開第一次會議，動員相關部會對外了解武漢疫情。

幾個重大決策依序是：登機檢疫、重啟「發燒篩檢站」、邊境管理、武漢包機、解決口罩問題、找出浙江台商、控制院內感染、要求回溯一萬六千名歐洲回台旅客、危機處理「磐石艦」等。

專家經常意見分歧，在會議現場吵翻天，張上淳搞不定，陳其邁就坐在一旁壓陣。

他提到幾個關鍵角色，包括：

行政院祕書長李孟諺，負責穿梭協調，與蘇貞昌、陳其邁曾經共同對抗非洲豬瘟，這次防疫再次形成「鐵三角」。他在武漢包機二月三日返台前，從到桃園機場聽取簡報、安排停機坪機邊驗放、將發燒者後送至負壓隔離病房、安排下機者至「集中檢疫所」，全由他一手包辦。

疾管署急性傳染病組長楊靖慧，組成「疫調小組」，第一時間掌握當事人資訊，在最短的時間內，了解個案活動史和接觸史，防範居家檢疫者落跑，十足「守門員」的角色。她曾經擔任台北市仁愛醫院感染科主任，專長為愛滋病防治與感染性疾病防治。

行政院資安處的「大數據分析小組」，從農曆春節開始運作，處長簡宏偉是核心人物，透過大數據追蹤「鑽石公主號」和白牌司機感染途徑；利用「電子圍籬監控系統」，掌握居家檢疫者二十四小時行蹤。

以「鑽石公主號」為例，資安處首先詢問二十四輛遊覽車、五十部計程車；再透過旅行社提供的行程表，確認旅客遊玩路線和所到之處；接著，藉由手機地理位置定位方式分析，在一天內找出六十二萬七千三百八十六位民眾，發出細胞簡訊，追蹤到六十七位接觸者，出現不適症狀，經過篩檢結果呈現陰性。

陳其邁在疾管署的「戰情室」成員，還包括民間學者，台大公衛學院正院長詹長權、副院長陳秀熙、教授方啟泰、中研院生醫所兼任研究員何美鄉、陽明大學校長郭旭崧等人，透過對話方式，進行各項疫情想定，例如：何時宣布社區感染？是否封城？

二〇二〇年一月五日，「專家小組會議」召開第一次會議，集結璩大成、莊銀清等二十多位涵蓋傳染病學、感染科、胸腔科、小兒科、與公衛方面的專家，由台大副校長張上淳擔任召集人，經過討論做成意見，提供給指揮官參考，堪稱陳時中的「最強右臂」。

「他人不錯，協調能力『還好』，即使每次專家會議意見很多，最後他都能有條有理，將意見整合。」陳其邁說，從疫情一開始，他就與張上淳幾乎每天在一起。

當武漢疫情傳出後，由於在一月五日就沒有再公布病例，而台灣當時又尚未出現個案，令專家小組猶如走進五里霧中。

直到第一位女台商從武漢回來，獲知她並沒有華南市場接觸史，接觸者也只是輕咳、並沒有肺炎，專家小組才建議，只要十四天內到過武漢、有發燒或呼吸道症狀、肺炎臨床症狀等旅客，就符合通報條件。

專家小組成員提到，第一時間訂定的「通報定義」還是過於狹窄，僅限武漢當地。「中國方面已在隱匿疫情了，我們就不該只用武漢作為標準，應該要超前部署。」

當台商（案10）一月中旬自武漢返台後十天，出現咳嗽、流鼻水等症狀，因為沒有發燒，不符合通報定義，被診斷為一般感冒，未進行通報，而成為漏網之魚。直到他的妻子（案9）確診之後，防疫人員才趕緊對先生進行採檢，果然，於三十一日確診。

後來通報定義因此而修改，在一月三十一日加列有湖北旅遊史和接觸史。有關「郵輪邊境檢疫」新措施，凡入境前十四天內停靠中、港、澳地區之郵輪，不得停靠台灣港口，此決議也是二月七日專家會議討論的結果。

對於小組成員提議，張上淳未必照單全收，如有專家建議，不妨與疾管署防疫醫師、個案治療醫師，進行「線上討論」，根據統計資料、治療經驗，進行會診；但張上淳並未採納。

張上淳是感染科權威，在醫界輩分很高。新光醫院感染科主任黃建賢透露，張上淳盯住院個案、盯得很緊，會打電話來查問。「他問問題問得很仔細，例如：派誰做的採檢？採檢甚麼部位？有沒有轉一轉？甚麼時間做的？現在怎麼治療？病人情況穩不穩定？會不會喘？有沒有插管、裝葉克膜？尤其陽性個案在解離前，一定得通過他那關，才可以出院。」他在幫陳時中把守山海關。

張上淳自幼喜歡推理小說，若問追蹤病例與福爾摩斯辦案有無神似之處，他並不否認，但靠的是專業判斷。

針對幾個找不到感染源的個案，張上淳抽絲剝繭，但並不妄斷，所以最終未必會給答案。例如：浙江台商是否為白牌司機的感染源？他是這麼說的：「依現有的科學，只能證明到此，只能說，司機被浙江台商傳染的機會相對較高，如果要有絕對的答案，一定要驗到病毒，甚至比對兩人身上的病毒株，現在已經驗不到了。」

又如案34是否為院內感染的感染源？他引用國際頂級醫學期刊《美國醫學會雜誌》（*JAMA*）的文章說：新加坡研究團隊針對負壓隔離病房採檢，清潔前後有很大的不同。沒有清潔的病房，很多地方都呈現新冠病毒陽性，對照案34待過的急診室採檢，結果發現一百多個點，包括：醫護人員的面罩、隔離衣、口罩、甚至對空氣的採檢，都沒有驗出病毒，反倒在她的病房欄杆上、床墊和浴室，檢測到病毒的存在；況且主治醫師和護理人員完全固定，沒有人員跨區或病人互相接觸的機會，答案其實已呼之欲出。

敦睦艦隊七百多名官兵的抗體檢測，在昆陽、中研院和台大醫院等三個實驗室，做出來的結果不一致，有陰、有陽，差異甚大，專家小組已召開會議進行判讀，在五月十七日終於取得一致性。

每一次記者會陳時中報告完，就輪到「張教授」上場。他總是拿個指揮棒，分析統整資料，令人印象深刻。

陳其邁透露，當張上淳兩個兒子爆發「逆時中」事件，遭輿論撻伐，他頗為自責，一度想要請辭，他三言兩語，就讓張上淳打消辭意。「不行！你是指揮官，怎麼可以被打倒？！」

陳時中說，上場打仗得靠「親信部隊」，動作要快，不能花太多時間在協調上頭，除了疾管署正、副署長周志浩和莊人祥外，值得一提的是衛福部常次薛瑞元，他在指揮中心一級開設之後，負責醫療整備，掛名「醫療應變組」組長；也是三月十二日兩架武漢包機抵台的現場指揮官。陳時中首次入閣擔任副署長，他是衛生署醫事處長，曾任地方衛生局長、雙和醫院副院長，除了是婦產科醫師，還具備律師專業。

三月二十一日桃園長照機構爆發護理師染疫，陳時中剛回到家，就接到緊急電話。後來他說，每一次在家最怕接到這種電話，所以以後他乾脆在疾管署待晚一點。

當晚十一點，他接了電話後，立即趕赴桃園和林口兩家醫院坐鎮，薛瑞元扮演陳時中的左右手，除了以最快的速度進行疫調、安排接觸者採檢，還要把兩家機構的住民移入檢疫地點，一人一室隔離，除了五人進醫院，另外還臨時找了兩處集中檢疫所，安置二十四人，後續比照居家檢疫流程。

防疫絕不是個人秀，必須打團體戰，這是台灣防疫成功的祕訣。

第 18 章

疫調柯南

指揮官陳時中指出，當個案確診後，由疾管署分區率領地方衛生局進行疫調，警政系統也會展開協尋，並且根據兩者資料核對。社區女保全案，就是指標。

在此之前，有三個案例找不到感染源，分別是第24例退休女性、第27例已逝的八旬老翁，以及造成院內感染的第34例五十多歲婦女。由於都過了潛伏期，感染並未擴大，所以指揮中心業已結案，不再追查；但隨之而來，又有案100、134、156、268、322、336感染源不明，要像翻山越嶺一樣，繼續查下去，絕對會搞得人仰馬翻。

案336社區女保全，沒多久就破了！陳時中事後透露，衛生單位調閱監視器，掌握所有接觸者，才找到隔壁社區四十歲女性上班族，兩人不過接觸二十分鐘，雙雙確診。

疫調人員將她們見面，是為了談團購、而且都沒有戴口罩，感染源就此釐清，兩人社區也暫時解除危機。

但是陳時中只是「懷疑」，怕掛一漏萬，反倒把範圍拉大，繼續釐清有無其他感染源？

社區管委員也發揮功能，連女保全平時騎機車上、下班，三月十七日出現症狀後，還上了九天班，都一五一十交代。他們還一戶、一戶告知住戶，凡有症狀、旅遊史和接觸者，必須接受；其他人則須自主健康管理。

女保全和女會計，單單談個團購，接觸者就有一百四十二人之多，這還不包括住戶。

案352為四十多歲男性，平時獨居，活動地點以住家和工作地為主，因為在三月二十一日與自美國返台的指導老師案301喝了一個小時的咖啡，因而染疫。

這次因為喝咖啡確診的案例，總共有三起，分別是：觀光局派駐桃園機場的旅遊中心員工與主祕之子、旅行社主管與自印尼返台的旅行社經營者、男店員與自美返台的實踐大學兼任教師。疫調人員連他們喝了半小時、一小時、一小時咖啡，都查得一清二楚。

唯獨觀光局主祕之子案中，總共出現兩位「叔叔」，張冠李戴，也引得確診者抗議。

有些案子影響層面廣泛，例如：澳洲來台音樂家確診，接觸者就有四百一十八人，連記者都在採檢之列；北部醫院的院內感染，光是案34婦人，接觸者就高達四百五十三人。

首例長照護理師確診案發生，令指揮中心警鈴大作；各地方政府和養護機構，也嚴肅面對。問題是，這名二十多歲護理師所服務的桃園養護機構，在同一層樓內還有另外一家，負責人為同一位，護理師兩邊支援，等於同時有兩個引信需要解除。

陳時中第一時間緊急協調衛福部桃園醫院和林口醫院，為八十一位住民和工作人員進行抽驗。他在深夜十一點親赴醫院，兩醫院漏夜加班，直到凌晨四點才檢驗完。這不過是首部曲，接下來輪到疫調人員上場。

台中市政府衛生局股長陳丘明說明疫調流程。「新冠肺炎疫情發生後，疾管署訂定通報條件，醫療院所在病人到院後，依照通報條件，通報疾管署的通報系統，各地衛生局就會接到通報訊息，展開疫調。」

疾管署副署長莊人祥也補充，指揮中心每晚七、八點收到當日最後一批確診名單後，第一次疫調作業，必須趕在隔天下午兩點的例行記者會舉行之前。換句話說，扣除大約八小時休息時間，疫調人員必須在十個小時黃金期限內，初步釐清確診者的接觸史及活動史，藉以鎖定可能的感染者，並向社會說明。

一開始，指揮中心要求連疑似病例都要做，後來因為通報條件修改，衛福部能量有限，所以改為針對確診者進行疫調。

以台中市政府為例，截至四月底前，總共接獲四十案，「做一個案子不簡單，往往每一次都要一個小時以上！」

他們原以為歐、美返鄉潮，國人為數眾多，勢必被操得人仰馬翻；但是情況相反，因為居家檢疫的關係，一個案子通常只花他們半小時。

經檢驗呈陽性個案，會進入疾管署的通報系統，裡面有一張制式「疫調單」，從那裡疫調人員可以先確認患者的基本資料——出生年月日、旅遊史、發病日等，之後再向下深挖。

舉例來說，他們會問：「甚麼時候你開始覺得喉嚨癢癢、味覺怪怪的？」接下來逐日清查確診者每天行程。「你出現咳嗽症狀是那一天？當時待在家裡、還是外出？一個人、還是跟家人？騎車、開車、還是搭車？做了些甚麼？有沒有戴口罩？別人有沒有戴？會一直追問對方到進入負壓隔離病房為止，以確保其他不會受到感染。」

有的個案活動單純、有的極為豐富，疫調人員會一直問到對方回家為止；範圍不限確診者，還包括對接觸者的健康追蹤。

確診者發病前，一定會去醫院或診所，如果言談中，他提到去哪一家診所，他們就接著問診所。

疫調人員小偉認為，疫調難就難在，個案所到之處，都要清查。「我們會請診所調出掛號紀錄；對於陪病家屬也會問一次，沒事的話，就把他們列入關懷對象，用細胞簡訊通知。」

戶外接觸史也是追查重點。陳丘明舉例：「如果他到某個戶外景點，買東西、喝咖啡，接觸小販，我們連小販都會問。」

當被問到幾天前——吃甚麼、做甚麼，當事人因為緊張，或是已經相隔三、五天了，大的記得、小的往往遺漏。「即使我們打了好多次電話，問些有的、沒的，或涉及隱私，大部分人還是很配合！」

當事人忘了，疫調人員會找周遭人提醒，一句：「你好像有跟我接觸喔！」馬上可以喚起個案記憶。

如果時間稍久，當事人記憶模糊，警方會進場協力，調出個案者資料，進行車牌辨識，或透過手機基地台，鎖定路口、早餐店或超商，就像倒帶一樣。

像餐廳、賣場人潮聚集處，難以一一追查，他們以櫃檯收銀員為目標。「個案總會去結帳，大賣場都有購物紀錄，我們想知道，當事人有沒有戴口罩？收銀員有沒有戴口罩？例如：有個案曾經到過餐廳、賣場、風景區和診所，疫調人員致電餐廳、賣場和診所，進一步找出接觸者。」

小偉回憶其中一起案例，個案並沒有出國，發病後三十天，才到醫院就醫，時間久了，疫調就更難做。不過他們之後還是透過Line，發現他曾與一位外國友人接觸，進一步追查對方親友，的確有人確診。

疫調過程中，他們還面臨各國語言挑戰，英文簡訊還容易，當碰到日本人，只能用簡單英文溝通。

疫調人員必須保持理性，不能投入感情，但當「愛在疫情蔓延時」，難免心情隨個案起伏。

小偉年輕，對其中一位女性特別關心。「當接到醫院通報，我覺得奇怪，怎麼找不到感染源？後來她主動說，自己曾經到西班牙旅遊，回家後沒有症狀。經過勾稽發現，她是被居家檢疫的先生感染，先生也無症狀，卻因為沒戴口罩，太太每天幫他送飯、打掃，所以感染。太太先發病，先生隔週也出現發燒症狀。」

後來兩位確診者命運大不同，先生因為平日喜歡運動，體能好，住院半個月就出院了；太太一度插管，性命垂危。小偉知道後，曾經打電話關切，直到對方病情好轉，拔管出院，懸著的一顆心才放下。

王美華在二〇一七年獲得新北市「護理貢獻獎」，當告知一位先生：「你和孩子都確診了！」他關心的不是自己的病情，而是不接受孩子染疫的事實。他反覆質疑：「我孩子不可能確診，他沒有症狀。我在國外，我知道我可能有，但是為何連我小孩都有……」接下來，他又問：「那我老婆呢？你可不可以詳細調查？」

王美華說，疫調的好處是，可以讓輕症者先回家等候，但每當結果出爐，她還是得把情緒放下，一一交代：「你要帶七天以上的衣服，最好帶一件全新的，等你出院那天穿；漱口杯和吹風機也要帶。記得帶手機、也要帶充電線。」接著連絡一一九，把他們送到指定醫院去。

她多半利用工作告一段落、整理東西的空檔，進行疫調，引導受訪者回憶，哪天發燒、咳嗽、打噴嚏、嗅覺、味覺變異？如果當事人一旦說出日期，她會立刻註記，所以她的旁邊總是訪放著一份有紅色假日區隔的月曆。

她認為，境外移入案例因為居家檢疫，相對單純；可是本土案例就得花較長時間。如果個案實在回想不起來，他們才找警方協助。像上班族固定搭幾號公車、坐哪一班捷運，比較好查；如果中途他換車，就必須有賴警察協助，分頭向捷運局或民營公車業者查詢；在公司問過員工或司機後，再依各自情況，列為自主健康管理或居家檢疫對象。

「大部分個案都很配合，尤其擔心家人會受感染；最不容易釐清的就是時間軸，往往對方記不得甚麼時候、到過哪些地方，這時候除了請警、政單位協助之外，我們也會請他的朋友提供訊息。」

王美華表示，他們會考慮個案身體狀況，年紀大的長者，一旦說話會喘、或是經常停頓，她就會說：「沒關係，等你身體好了再說，我們明天再問！」

台北市政府衛生局疾管科長余燦華，十七年前因太太被封在和平醫院內，也居家隔離七天，整個人瘦了七公斤，所以之後有強烈的防疫意識。

二〇二〇年一月一日，他接到市府媒體事務組的電話，提醒中國出現不明原因肺炎。當他聽到SARS這個字眼，立刻豎起耳朵，提醒同仁注意。隔天上班，他在疾管科成立工作小組，並且在三日晨會中報告，由衛生局先成立「緊急應變小組」；再向上呈報副市長黃珊珊，由各局處組成「疫情小組」。

第一波疫情從中國進來，大部分是本土案例，只有幾起境外移入案例。他們碰到第一個大案是——「鑽石公主號」，船上兩千多名乘客，許多曾經到台北市觀光景點旅遊。疾管科四個股、九十七位員工全員動員，之後的每一天，幾乎沒有喘息空間。

「我們總共有四線『防疫專線』，電話每天打到爆，白天四位同仁負責，手機不離身，連打卡的時間都沒有。五點三十分下班以後，得留一個人在辦公室查電腦。所以辦公室擺了兩張行軍床，同仁乾脆不回家、直接睡在辦公室。」

中央要求，居家隔離通知書，一定要立刻送到當事人手上，所以光是送通知書，往往從下午四點，送到半夜十一、十二點。

台北市醫療資源豐厚，付出也多，是地方政府中的重中之重，個案數最多，四月底前，中央接獲一萬三千九百筆通報病例，台北市就有兩千五百起，其中一百零八起境外移入、八起本土個案確診。八起本土案例，他們全都破了！

其中「女保全」案，他們與中央防疫醫師一起疫調，並親赴社區跟住戶進行衛教，「感覺住戶都很害怕！在查無感染源之前，我晚上也睡不著覺！」

余燦華綜理「疫調武器」大致有四種——口述、監視器、警政協力和科學儀器，包括：監視器和手機定位。陳其邁透露，「鑽石公主號」當初就是透過巴士GPS定位、信用卡交易紀錄、監視器，以及最關鍵的手機基地台電信訊號，來追蹤可能的感染者。

重點是，疫情就像星星之火，足以燎原，就怕百密一疏，引發森林大火。所以即使「疫調柯南」再怎麼神勇，也熬不過漫漫長夜。

第 19 章

實驗室裡的判官

北部一位六十多歲的女性（案39），二〇二〇年一月二十九到二月二十一日間，跟團到杜拜、埃及旅遊，回台後，尼羅河一艘郵輪十二名工作人員確診，外媒紛紛指控她為感染源。

指揮官陳時中表示，根據他所掌握的資訊，旅遊團埃及籍的領隊最早發病，要斷言誰才是感染源，必須先把時序及情況都了解清楚，以為台灣旅客就是感染源，未免太過草率。

台大醫檢系教授張淑媛在取得檢體後，快速進行分離；再由台大醫學院教授葉秀慧研究團隊，進行基因定序分析，結果與歐洲、奈及利亞、巴西及義大利等地病毒，屬於同一個演化枝（Clade），結果證實，案39並非感染源。

葉秀慧解釋，所謂「基因定序分析」，就是病毒的「親緣分析」，就是病毒的「親子鑑定」。行政院副院長陳其邁也下了註腳——就是「病毒的身分證」。

台大是全球第四個分離出新冠肺炎病毒株的國家，張淑媛早在病毒爆發前，就準備好培養病毒的環境，等到拿到第二例確診者的檢體，只花短短三到五天的時間，就成功分離出台灣首個病毒株。

第二例確診個案為五十多歲女陸客，有武漢旅遊史或居住史，於二〇二〇年一月二十一日入境，二十三日因發燒就醫，經檢驗後確診。

台灣北部某醫院發生院內群聚感染，由於始終無法確定感染源，指揮中心一度期待病毒株能還原真相。如果是相近的病毒株，意味著案34與清潔工（案35）相互傳染的可能性高。

長庚大學新興病毒感染研究中心主任施信如帶領研究團隊，二月即採集了案34的檢體進行培養，之後分析出完整的基因序列。令人意外的是，案34的基因序列，竟然類似來自中東的病毒。

陳其邁三月中旬曾經詢問她，當得知案34的病毒株基因，來自中東，感到十分詫異，「真不知道從哪裡來的？」雖然無法解開謎團，卻興起他籌組「病毒實驗室國家隊」的想法。

他在三月十八日的疾管署會議上，拋出想法，催生「病毒實驗室國家隊」，不僅整合台灣醫檢的能量，也建構完整的新冠病毒資料庫。

截至五月初為止，「病毒實驗室國家隊」已成功分離出五十株病毒株，長庚團隊包辦一半，台大實驗室其次，疾管署和成大也完成一部分。

長庚後來因為前往機場採檢，又取得許多新增檢體，三十筆完成的基因定序中，除了有普遍來自中國、歐洲、美洲等三類，但來自伊朗、土耳其等地區的第四類，才最為獨特。

疫情爆發三個多月後，全台三十四個指定檢驗機構採檢量，接近六萬五千件，單日上限為三千八百件。三軍總醫院是全台採檢量最大的醫院，日檢量超過三百件、總檢量超過九千件。長庚囊括四分之一，平均日檢量達兩百件，最高紀錄因「敦睦艦」而突破三百件。當晚，全台實驗室燈火通明，七百四十四位官兵檢驗結果，一天半就出爐。

新光醫院「核酸實驗室」早在疫情爆發初期，就將SARS時期所用的舊機組更新，購置新的自動核酸檢驗和萃取機器，一個禮拜就升級建置；再跨組徵調年輕醫檢師加入，核酸檢驗醫檢師從五人增為八人。

首波檢驗高峰期，發生在國內出現首例長照機構護理人員感染，指揮中心針對高風險族群擴大篩檢；再者則是歐、美返鄉國人，和清明連假過後。指揮官陳時中指出，三月一日到四月六日歐、美返台國人一萬九千人，指揮中心只針對其中一千零九十四人（五．七六％）採檢；清明連假過後，六日單日採檢量一千八百人次。光是這兩個波段，篩檢量至少超過三千件。

所以，新光實驗室的檢驗量，從最早單日十二、三十六、七十二件，到二月一百三十八件、再到三月九百一十六件，四月前半個月直接跳到九百多件。

「那時候壓力好大，連續篩，結果都是陰性，我們開始懷疑自己是不是出錯？故意放個『控制組』（已知的東西）進去，篩出來還是陰性，我們這才放心！」新光醫院總醫檢師陳瓊汝說。

醫檢師另一個壓力來源是，篩檢過程極具風險性。在取得（鼻咽）檢體前，必須先做消毒；打開檢體雙層包裝，簡單處理後，穿上隔離衣、防護衣、雙層手套、N95口罩、外科口罩，將檢體送進「生物安全櫃」，加入培養皿，讓檢體去活化，以避免感染，再用自動核酸萃取機（有時候為求快，人工萃取並用）萃取病毒RNA核酸之後，用自動分析儀——病毒即時聚合酶鏈鎖反應（real-time RT-PCR）分析，把RNA核酸反轉錄成DNA，再放大分析訊號，判斷是陰、是陽。

在「抗原快篩」尚未在台灣問世前，醫檢師靠著RT-PCR檢測自動化，速度比人工快上一倍，卻依然得花四到六個小時／件。中研院生醫所兼任研究員何美鄉認為，反覆「操」醫檢人員並非長久之計，有必要發展快篩，將疑似病例分類，陰性居家隔離，陽性才送進實驗室，這樣才能保全戰力。

一月下旬，行政院針對「科學防疫」進行超前部署，設立檢驗、藥物、疫苗、技術支援平台。

立法院通過六百億元「特殊傳染病防治及紓困振興特別預算」中，也已編列一億四千萬元「快篩研發」，其中一億兩千萬元撥給工研院的「流感核酸分子快篩系統」，未來有可能上市。

值得關注的是，中研院基因體中心研究員楊安綏團隊在三月八日宣布，已成功合成可以辨識武漢肺炎病毒核蛋白的單株抗體群，作為檢測快篩裝置的關鍵試劑，十五到二十分鐘就能得知病毒抗原的檢驗結果，四月十日已轉交給七到九家廠商試產，預計在五月底正式量產。

國衛院也召開技術說明會，將其所研發十到十五分鐘就有結果的快篩試劑，移轉給廠商。

長庚大學、長庚醫院與中研院、國防部預醫所、牛津大學組成的合作團隊，宣布成功分離出二十二種病毒株、取得全基因序列，將用在開發快篩試劑及治療上。

目前已有三十多家民間業者正在申請研製或進口新試劑，政府所能做的事，加速驗證、縮短審查程序。

預見在不久的將來，「實驗室裡的判官」，終有可見天日的一天。

第 20 章

不可能的任務

台灣二千三百萬人，從來沒有像這一次那麼團結，團結在疫情來襲時、團結在瘋搶口罩時。

原本已奄奄一息的口罩生產鏈，沒想到在一夕之間，搖身一變成為二千三百萬台灣人的生命線。

行政院副院長陳其邁在一月中旬，就發現口罩吃緊，當下指示經濟部長沈榮津向外急購；沒想到中國捷足先登，在二〇一九年十二月下單，將口罩一掃而空。政府當機立斷，決定投入一億八千萬元自建自製，在兩個月內拉出六十條生產線，日產一千萬片。

沈榮津立刻動起來，與口罩製造機廠、工具機業者和口罩製造工廠，一氣呵成，才達成這個連神都辦不到的不可能任務。

沈榮津在二月三月找不織布業者開會，當聽到政府要在兩個月內量產一千萬片口罩，與會者莫不驚呼：「這不是瘋了嗎？」

敏成是全國最大的熔噴不織布工廠，董事長古思明認為，政府的豪情壯志絕不可能實現。之前台灣一天生產一百多萬片口罩、一年總共六億片，八、九成賣到歐、美和香港，要在三月初每天供給國人一千萬片，就算把原料堆成山，也不可能達成。

沈榮津第二天找工具機業者開會，台灣區工具機暨零組件工業同業公會理事長許文憲和東台董事長嚴瑞雄到場。他們都是在第一時間看到新聞報導，主動表達願意赴湯蹈火之意。「大家都是老朋友了，我們會全力支持你！」

許文憲從沈榮津當工業局長的時候，就跟他互動密切，覺得他平易近人，一直叫他「歐吉桑部長」。「平常我打電話給他，他拖了好久才回，這一次不一樣，他立刻就回了。除了跟我謝謝之外，還開玩笑說：是你們自己自投羅網！」

台灣工具機出口二〇一八年在全世界排行第五，二〇一九年呈現衰退，中、美貿易大戰開打，他們首當其衝，好不容易和緩下來，試圖將產值成長個三到五％、甚至十％；沒想到一場突如其來的新冠疫情，害得他們暈頭轉向。

許文憲認為，還好政府反應快，第一時間限制口罩出口；但是想在兩個月內拉出六十條生產線，根本不可能。

沈榮津原先也很遲疑，因為他曾經跟製造口罩機台的兩家工廠打探，估算要拉出六十條生產線，至少得花一年半，就算用逼的、也逼不出來。他二月四日與財團法人精密機械研究發展中心總經理（PMC），以及工研院開會，正在頭痛這個問題。

許文憲與嚴瑞雄想要幫忙，必須了解台灣機台製造工廠的狀況，於是親自到鶯歌的權和機械，以及五股的長宏機械跑了一趟，在心裡先打個底。等沈榮津二月七日把他們和兩位老闆蕭鴻彬、呂清林一起找到經濟部開會時，許文憲直截了當向部長分析

——權和創新、專業，只是外銷占了八十％；長宏老練，缺點是員工不過十來人、占地不到五十坪。

經濟部分析，台灣大小廠總共有三十、四十家，在關鍵時刻，必須倚重技術嫻熟的老廠，或許才趕得上速度。所以最後分給長宏四十台、權和二十台。

長宏董事長呂清林也提到，第一，他們人手不足；第二，從組裝、配電到調機，可能出現問題。許文憲加碼問：「那零件夠不夠？如果不夠的話，把圖給我們，我們來加工！既然我們已經答應政府，防疫視同作戰，大家都在同一個戰場上，不如接了算了！精密機械、工具機、零組件廠，在中部形成聚落，方圓六十公里範圍內，從整機、零組件到加工，你缺甚麼，儘管開口！」

這個會從早上十點一直開到中午十二點，許文憲吃完便當，馬上掉頭尋求靠山。除了嚴瑞雄之外，他還找了程泰集團的亞崴機械總經理康劍文，與自己的哈伯精密，做為先鋒部隊。

他先派人到長宏進一步了解，缺少那些東西？當知道缺工具，他們先列好清冊，隨即補上；缺配電出了問題，他立刻一個電話打給靄崴科技董事長陳金柏，他是公會的副理事長，半導體的電都是他配的，公司有兩百多人；永進機械總經理陳伯佳也被他找來開會。許文憲把配電、調機等問題，寫在白板上，進行分工。後來加入的廠商越來越多，從第一個戰鬥群——哈伯、東台、上銀、亞崴、永進、靄威、瀧澤七家，一直到最後總計有二十六家參與，形成工具機國家隊。

許文憲指出，這一次要不是長宏為台灣保住香火，否則他們無法點火，也不可能燃起燦爛煙火。

長宏臨危受命，大手筆租了個三百三十坪的廠房，為打造口罩機台，解決了燃眉之急。

「第一個禮拜最難熬，我們猶如跳進泥沼一樣，酸甜苦辣，一言難盡！」

舉例來說，一缺電，他們就配電，甚至建議直接載到靄崴處理；空壓機出了問題，瀧澤科總經理戴雲錦立刻找協力廠處理；調機連圖都沒有，他們用二十、三十年前的老方法，直接在紙上畫出爆炸圖、拍照，發給各家廠商；連電風扇都缺，許文憲乾脆從自己工廠拆下去應急。

他原先算到一定缺零件，果然，第二個禮拜就缺了，他打電話給部長，他知道以後，立刻派工業局副局長楊志清親自坐鎮，就地清查每天缺多少，立刻想辦法補齊。

不管是許文憲、還是古思明，都不約而同提到，他們之所以這麼拼命，全然因為看到老阿公、老阿嬤，為了買口罩排隊，排了老半天，還是買不到，於心不忍……。說著、說著，兩個大男人都不禁哽咽。

以前工具機業界彼此是競爭對手，在市場上廝殺慘烈，從主管到行銷，誰也不讓誰，下手從來不手軟；但是這一次，為了共同的目標，他們意外組成「中華隊」，就像上場打韓國隊一樣，不喜歡輸的感覺。每家派上場的，都是二十、三十年的資深員工，不是經理、就是組長、課長，較勁意味濃厚；而各自所帶的人，腦袋靈活、工作認真，沒有人中途退出，都是一戰到底。

以前工廠大多由歐巴桑顧機器，後來政府出動後備軍人協力，猶如天將神兵。

六家工具機業者最高紀錄，一天派出一百二十人，四十天總計二千五百人次投入，所有出差、加班、獎金、車錢和旅館費，超過二千萬元，全都自行吸收；最難能可貴的是，他們犧牲自己的產值，成全大我。

當第一個禮拜，口罩從機器跑出來的時候，許文憲只有一個字形容，就是：「爽！」他馬上拿起來試戴，感覺特別舒爽。第二個禮拜，他們已經可以兩天造出三台；第三個禮拜，一天可以造出兩台；最後，他們只花了二十五天，就打造出六十條生產線；後來追加到九十二條，四十天就完成。

「部長稱我們是口罩國家隊，這五個字很激勵士氣，讓我們感覺自己的重要性；不然我剛開始發群組時，沒幾個人理我！」

「我個性不服輸，前三個禮拜都沒有睡好覺，深怕進度落後。當提前一天達標那天晚上，我心想：這輩子我做對一件事，讓社會肯定，等我老的時候，還可以說給子孫聽！」

許文憲的獨生女許雅涵說，她以後要把爸爸的故事，說給她兒子聽：「看看你阿公過去做過的好事！」「他平常很疼我的，但是那段時間，他忙到連我跌倒都不看我一眼，我還回瞪了他兩眼！」

古思明在二〇一九年二月一日接任全國最大不織布廠敏成總經理，由楊敏盛創辦，剛滿四十年。到任以後，他發現口罩利薄，大約占公司總產能的三到四成；其他六成則轉作汽車吸音棉、手套、鞋子保溫棉、乾式擦布、和HEPA級空調濾網。他原想把口罩產量在二〇二〇年降到十五％，沒想到過個年卻豬羊變色。

二〇一九年十二月，他看到報導，歐、美爆發流感，死了千餘人。他想：反正PP料放久不會壞，原本庫存一個半到二個月，何不一次提到三個月，即使流感沒了、也沒關係。沒想到農曆年過後，竟然供不應求，陸續從四個月、又提升到五個月，這都得拜新冠病毒之賜。

運氣好的還不僅如此，農曆年前，廠務見生意不好，建議趁過年停機保養，因此過完年後，才能二十四小時不停機，火力全開。

做熔噴的業者總共有五家，分別做耳戴、鼻梁線和皮膚層。一月底徵用口罩之前，政府曾經派「紡織綜合研究所」人員來視察敏成的生產線，計算產能有多少？等他們開會時，他們已把供應鏈上所有廠商的名字列好，連各自有多少產能都摸得一清二楚。

「我們雖然沒有被徵用，但意思一樣，不管政府目標是五百萬片、還是一千萬片，要多少、我們就給多少。每天五噸、供應五百萬片口罩量，等於說，我們把全部的產能都給了政府。」

「原本東南亞有一位客戶，要在年後包我們兩條線，若是在以前，我一定高興得不得了；但是疫情當頭，我說不行讓你包，我要先供給政府。」

古思明說，口罩原本很便宜，一片才賣一塊半、盒裝就更便宜了。實名制推出之後，政府穩價、穩量，一片才賣五元，卻被民眾罵翻天。要知道，多少幕後英雄在背後不眠不休、揮汗如雨？差不多才三個禮拜，大家都精疲力竭。廠房高度溫、噪音大，除了必須戴口罩、耳罩，全身還得包起來。「當廠長跑來找我，說人手不夠，我禮拜六打電話給紡研所，他們禮拜一一上班，就派現役軍人來支援。」

紡研所藏龍臥虎，博士、碩士平常窩在所裡做研究，遇到關鍵時刻，親赴前線，很不容易。

不織布公會理事長陳世中也是關鍵角色，沒有他搭建平台，業者處於競爭關係，是不可能整合成功的。「他是台商，大部分產業都在中國，這一次幾乎放下所有的事業，全心協助政府。」

彰化華新集團的鄭永柱三兄弟，四十六年前做醫療手套起家，後來改做平面口罩「摩戴舒」，以少量多樣做市場競爭，平面口罩占八成，N95占一成。

他們曾經是全球最大的手套機器廠，也是全台灣第一家，最高峰一個月可以出六十個、四十呎的貨櫃。SARS和H1N1流行期間，他們大發利市，國外醫療手套的需求量，一下暴增了十多倍，生意好到還可以賣機器賺錢。

H1N1期間，他們有類似的徵用經驗，雖然並非強制性，但只要政府要多少、他們就交多少。

醫療機構一年的口罩需求大約五億片，一半被大陸低價搶走，電子業也相同，他們只好採少量多樣策略，穩定市場。

這一次政府剛開始徵用他們四條線、後加了兩條和一台3D立體線，總計打開七條線、上繳五百萬片口罩；為了加快速度，他們又增購三台，每申請一台，必須用前一百二十萬片，抵償機器款。一片兩塊半、超不多三百萬元左右。

從一千萬、一千三百五十萬、一千五百萬，一直到後來的二千萬片，長官不斷加高口罩的需求量，連週末假日都要他們趕工，「我付加班費沒關係，但勞工局會有意見，員工也需要休息，像顏鈴玉女士，為了一邊趕製口罩、一邊教國軍弟兄製作流程，在兩台機器間跑來跑去，最後把手指給壓斷了，令人心疼！」

鄭永柱要員工一路朝著目標奔去，「我告訴他們，能夠成為國家隊的一員，是百年難得的機遇。」

第 21 章

唐鳳精神

「我甚麼都沒做！甚麼感覺也沒有！」這是日本人稱之為台灣「IT大臣」的政務委員唐鳳，將口罩強勢回歸到超商販售以後，對自己的評價。

她對「IT大臣」這個稱號，頗不以為然。「我是數位政委，不是誰的臣子！叫我數位政委比較恰當！」

其實被拿來與唐鳳對比的日本資訊科技（IT）大臣竹本直一，不期然詮釋了「唐鳳精神」。她說：「雖然有所謂公開數據（Open Data）這種作法，但我認為，台灣是運用民間創意，設計出許多提供資訊的應用程式，並列入參考，在緊急情況下，將物品管理，與相關部會進行討論。」

日本曾經希望以「唐鳳精神」作為槓桿，讓政治革新，但並沒有成功；倒是像吳展瑋這樣的工程師，十分推崇內閣成員中獨樹一格的「唐鳳精神」。

吳展瑋畢業於彰師大資訊工程系，取得美國佛羅里達理工暨資訊研究所碩士，是台南創業園區「好想工作室」的創辦人，也是GDG Tainan台南Google開發者社群。他看到民眾為了賣口罩，在超商大排長龍，搶先政府一步，設計出「超商口罩地圖」，令人眼睛為之一亮。

吳展瑋說，他在二月一日晚上，在網路上大戰群雄，爭論焦點在於，政府統一收購口罩之後，以四大超商作為販售據點，限令民眾一天只能買兩片，在無實名認證之下，人人都可以買，更有人重複購買，使大多數人就算排隊，也買不到口罩，在網路上罵聲連連。「就好像好市多的限量麵包，總是吸引人潮搶購，越搶、就越搶不到。」當他無法說服別人，只好想辦法改變現狀。平常，他到超商多半是繳費和拿包裹，在民眾爭搶口罩的那段期間，他每到超商，都會看到一波波人潮，人人臉上寫著：「我是來買口罩的！」大家站在那裡一語不發，之前可能已經跑了好幾家，當一聽到櫃台人員說：「口罩已經賣完了！」就一哄而散，等隔天一大早，再跑去排隊。

「我能不能分享一些訊息，告訴大家：哪家超商還有？哪家超商已經賣完？」他趁凌晨不時要哄小孩睡覺的空檔，花了將近八個小時時間，設計出「超商口罩地圖」。

台南垃圾車經常不定時收垃圾，吳展瑋是SOHO族，永遠追不上。他後來乾脆設計「垃圾車班次路線表」，利己也利他。

任天堂推出Switch遊戲《集合啦！動物森友會》，開賣創下Switch軟體銷售最快紀錄。當他發現，島主邀請其他玩家，不僅要監看排隊名單、配發密碼，還要即時溝通、通告訊息，令玩家手忙腳亂，他於是推出《在線等！動森揪團工具》BETA版，四月六日上線，不到一週，使用者就超過二萬二千人，網頁瀏覽量也突破十萬人，以一個編外專案來說，算相當不錯。

「超商口罩地圖」的原理也一樣，可以讓民眾事先知道附近超商哪裡還有？去過的人也可以即時回報。打開介面看到地圖上的紅色，代表這些點不用去了；趕快點擊綠色，跑一趟，一天都可以放心。滿江紅代表失望，綠油油燃起希望。

二月二日早上十點，他把產品丟進朋友圈，等他吃完午飯回來，發現網路鈍鈍的，才知道有很多人分享，連新聞媒體都在報導。由於在 google map 上拖行，是要收費的，而那個動作使用次數最多，一千次就要三十美元，剛開始他還能承受，等到下午四點多，分享的人越來越多，費用一下子暴增到台幣六十萬元的時候，他迅速將網站給停了。要不是 google 後來也成為抗疫同路人，全額吸收了費用，否則他不知要損失多少奶粉錢？

第二天凌晨，他繼續熬夜修改程式，沒想到晚上聽老婆說：「明天超商不賣口罩了，要改為實名制！」他好不容易催生的「超商口罩地圖」，只有短短兩天壽命。

二〇二〇年總統大選前，唐鳳一直忙著在網路上闢謠。她雖然注意到十二月三十一日凌晨，PTT網民針對「李文亮事件」的熱議、也知道疾管署在元旦實施「登機檢疫」，但她真正知道：「SARS又來了！」是在一月九日接受丹麥記者採訪的時候。

二月三日蘇貞昌召開口罩決策會議，唐鳳拿著吳展瑋先前設計的「超商口罩地圖」，跟蘇院長解釋：「這就像導航一樣，紅色部分代表塞車，已經沒有口罩了；綠色部分表示你必須繞路，到遠一點的藥局去買。」蘇貞昌一次就聽懂了，並要求實名制上路以後，最好能從每天、每小時，到每三分鐘、甚至每三十秒，公布一次藥局的口罩庫存。

藥師剛開始認為，口罩販售需要三卡認證，一個人至少得花費二十、三十秒，但唐鳳說明：「我們只做身分認證、不寫入、也不讀取，兩秒鐘就可以了！」最後果然，藥師每天只須花兩小時時間就夠了；而透過藥局與健保署的連線，每三分鐘就可以更新一次銷售數據。

唐鳳邀請社群朋友一起參與「藥局口罩地圖」的開發，吳展瑋和另一名設計師江明宗是其中的代表人物。因為唐鳳的開放政策，令百花齊放。

「那天晚上真是精彩！」二月六日當晚，當健保署燈火通明，吳展瑋和江明宗等開發者，也通宵達旦著手設計不同版本。吳展瑋無須重寫程式，只需設定座標，沒多久就完成了。

「政府釋出 Open Data，是最大關鍵！」吳展瑋指出，其實政府早在五年前就有超商地點資料，只是沒有維護，既缺乏即時性、又不具準確性；如今不同的工程師，拿不同的 Open Data、做不同呈現，才有如今百家爭鳴的盛況。

唐鳳自己也寫了一個程式——「口罩供需資訊平台」，清楚揭示：哪裡有健保藥局？還剩下多少口罩？

當她第一時間接獲視障者反映，指吳展瑋和江明宗的版本，他們想用、卻無法用。她發現一個「口罩即時查」的表格，放大後可以查詢，或是用語音合成的方式可以念出；而趨勢科技一位設計師寫的「口罩儀表板」，更可以透過語音助理Siri，詢問附近的藥局。

疾管署「疾管家」也不遑多讓，運用和吳展瑋同一套資料輯，設計出不同的版本。直到五月八日為止，線上充斥著各式各樣的版本，多達一百四十多個，有地圖模式、有聊天機器、還有提供地點資訊，陸續在增加當中。

這不是唐鳳第一次借力使力。二〇一八年五月一日，她正在吃午飯、滑手機，看到「致遠體驗設計」創辦人卓志遠留言批評：「報稅軟體難用到爆！」立刻將貼文複製到Join（公共政策網路參與）平台上；隔兩天，卓智遠就接到財政部邀請，要他出席行政院的協作會議。

唐鳳在行政院有一個「公共數位創新空間小組」（PDIS），連續四個月舉辦協作會議和三次工作坊，邀請民間人士參與，幫報稅軟體找問題，連婆婆媽媽都到場參加；等發現問題後，再請廠商重新修改介面，最後解決掉報稅軟體與Mac、Linux系統不相容的問題，下載時間迅速從四十分鐘，縮短為五分鐘。

健保署原本想利用自己的介面，架構地圖，發現頻寬不夠，超過一千個人就無法使用，後來吳展瑋、江明宗和疾管家，乾脆釋出自己設計的介面，讓健保署使用，以供更多人查詢。

健保署資訊組分析師翁慧萍回顧「口罩實名制」上路前的艱難。她輔大資管系大學畢業後，經過考試分發，一九九六年進入健保署工作，前後待過六個科室，大多負責行政工作。沒想到調到資訊組以後，會遇到政府推出「口罩實名制」。

放春假前，中央疫情指揮中心三級開設，組長提醒他們，過年期間要保持聯繫。沒想到疫情來勢洶洶，為了健保卡加註武漢旅遊史，她從小年夜連結移民署和健保署的「資訊雲端系統」、到大過年討論需求、再到年初二在辦公室與協力廠商見面、最後建置「陽春系統」，整個年假全部泡湯。

二月三日一大早上班，她接獲指令開發「口罩實名制」系統，必須克服眼前幾道難題，第一，時間太短；第二，需求不明確，一天賣幾片？成人和兒童又要幾片？都還在未定之天，她開始緊張起來。她加入三個群組，長官一個、同事一個、協力廠商又一個，每天都忙到半夜。當聽到隔天唐鳳政委要來，她的設計只見雛型，逼得不得不留在辦公室連夜趕工。

唐鳳帶團隊到辦公室走了一圈，做了壓力測試、跑了系統流程、給了建議之後就走了。她聽說，隔天組長、副署長和署長都要來，她才驚覺到：「代誌大條了！」從開發、轉寫到測試，連個影子都沒有，她只好又繼續埋頭苦幹。

二月五日上午，她單獨完成系統建置，在資訊會議上簡報，才知道長官層級不只到署長而已，下午陳時中部長也要來看，連記者都跟了來。所有親朋好友這會兒全知道，翁慧萍賣口罩、都賣到電視上去了。

時間進入倒數計時，一堆人擠在辦公室裡，進行壓力測試，並且修改程式錯誤，一直熬到半夜，始終搞不定。藥房等到午夜，實在等不及了，紛紛打電話到健保署罵：「你們怎麼搞的！明天都要開賣了，怎麼到現在都還沒有上線？」眼見時間一點一滴過去，凌晨一點一過，當修改完最後一個錯誤，一點十分，辦公室響起了歡呼聲。大家拍照留念，紀念這歷史的一刻。

翁慧萍住得比較近，回到家已經兩點多了，「有些長官乾脆睡在辦公室裡！」隔天一大早七點，群組又響了，她八點就衝進辦公室。口罩提前到八點三十分開賣，她一直盯著電腦螢幕上的數字，就像看大選開票一樣。署長李伯璋看大勢已定，笑得合不攏嘴；由於還是放心不下，她要翁慧萍每十分鐘跟他報一次數字，她報了半個鐘頭以後，乾脆設計了個「咕咕雞」，固定整點報數。

接下來，翁慧萍的群組增加到十幾個，每天幾乎都在群組上度過。

仗還沒有打完！隨著口罩實名制的滾動式調整，幾乎每隔一個禮拜，她就要更新系統一次，每天都待到凌晨一點才下班，一直到2.0版上路為止。

二月六日凌晨，唐鳳熬夜寫口罩地圖，並且幫忙溝通介面和格式，她很自豪地說：「我一、兩點就睡了！」

「口罩實名制2.0版」，是陳其邁辦公室主任李懷仁的發想，因為「口罩儀表板」的數字顯示，口罩販賣出現存貨率不均衡的問題，雙北和新竹地區上班族，下班比較晚，一直買不到口罩，李懷仁認為，除非找個二十四小時販賣口罩的地方。他在唐鳳出席院會時傳簡訊給她，說明他的想法，並且問：「妳認為，超商可不可能回頭幫忙販賣口罩？如果用預購的方式，會比較公平。」唐鳳點他，開發並沒有想像中難，只要拿過去她所建構的關貿報稅軟體改一改，就可以上路了。

唐鳳背後有一個「資訊技術團隊」，由關貿公司、健保署、台銀和中華電信等單位資訊人員合組，總共十多人，「口罩實名制2.0版」就出自他們的手筆；又以健保署資訊組角色最為關鍵；四大超商也有開發APP的能量。

2.0版超商預購上線的第一天，唐鳳把健保署「行動快易通」APP，整合到關貿網路系統；連3.0版超商插卡購買，也套用之前關貿以健保卡繳地價稅和綜所稅的模式。

她透露一個祕辛，在推2.0版的過程中，關貿因為缺少開發人員，無法完成與「健保快易通」的銜接，唐鳳半夜打電話給公司技術長，主動表明自己可以補位。「讓我來當你們的開發者！」結果，她真的關在關貿兩天，幫他們寫程式。

她的領導風格是：「他行，他上！他不行，我上！」這種「既是教練、又可以是球員」的團隊精神，讓唐鳳打起「疫戰」，也顯得虎虎生風。

唐鳳以前老喜歡待在辦公室裡，用視訊跟外界溝通；但是當之前網路報稅系統上路，加上這次超商販賣口罩，她都親自到現場測試。「我要親自體驗排隊、插卡的感覺！」當看到超商將購買人的姓名顯示在機台上，她完全不能接受，立刻跟超商斡旋，結果對方讓步。可是秀出身分證字號、侵犯隱私的作法，超商卻不想退讓。「如果顧客拿好幾張健保卡，我們怎麼知道是誰？」最後彼此妥協，只公布前兩碼和後一碼。「你們不要踩到我的底線！」

對於推銷「電鍋蒸口罩」，唐鳳十分熱中。為此，她還特別去學客家話。她認為，這不僅是社會創新，也是對外宣傳。其他國家不像台灣，十四天有九片口罩，如果因為她挺身而出，而讓國際重視口罩等同於「物理疫苗」，何樂而不為？

「口罩實名制3.0版」，終於緩解了各大藥局的緊繃氣氛，史料未及的是，到藥局前排隊買口罩，竟然成為台灣特有的一種文化、一幅風景。最後到底是「口罩之亂」、還是「口罩之戀」，連台灣的「IT大臣」都無解。

第 22 章

上陣親兄弟

武漢封城的前一天二〇二〇年一月二十二日，政府就開始研擬推動口罩實名制。疾管署聯絡藥師公會全聯會理事長黃金舜，表明未來口罩要由藥局販售。

還有兩天就是除夕，每年到這個時候，物流業最忙。疾管署要黃金舜運走三十萬片口罩，他頭都大了。

藥師公會全聯會雖然是民間團體，但找貨車把口罩運出來，其實不難；難的是口罩運到台北之後，要如果分配下去？全國有六千多家藥局，北台灣或許可以，但要配送到中、南部的藥局，恐怕有困難。他第一時間把訊息散出去，二十五個縣市的公會理事長，沒有一個敢回應。

另外還有一個因素：武漢封城前，一盒口罩五十片的進價成本，在七十五到八十元之間，賣價為一百二十元；但是疾管署一盒卻要一百五十元，比市價還貴，進價成本偏高，還要負責配送，黃金舜認為，根本執行不了。

「疾管署找我開會時，一直問我藥局可不可以賣口罩？我把難處跟他們說：之前口罩在四大超商販售，你只要跟他們老闆說好，工讀生負責分包，超商二十四小時又不打烊，或許可以做得到；但是全台灣六千多家藥局不一樣，他們自己就是老闆，一人一個調，要他們全部願意跳下來賣口罩，並且負責分包，我根本控制不了；再說，配送也是個大問題！」黃金舜一次把話攤開來說。

武漢封城以後，疫情變得更加嚴峻。年假過後政府從庫存搬出來兩千萬片在超商販售的口罩，一片賣八元、每人限購三片，全部銷售一空。用塑膠袋包口罩，會有衛生疑慮。許多人重複購買，要不是送到國外、就是囤在家哩，根本無法解口罩慌。「這些問題其實政府也知道！」

春節過後第一個開工日，衛福部長陳時中的電話就來了。他與黃金舜有三十年交情，兩人曾經分任牙醫師公會和藥師公會全聯會理事長，有深厚的革命情感。他單刀直入話：「藥局能不能賣口罩？」雖然是老朋友了，但黃金舜還是把問題重複一遍。「社區藥局有壓力！」陳時中管不了那麼多，直接問黃金舜：「要多少？」「好啦！二十萬片！口罩在哪裡？」「你明天一開工，派車到台南六甲去運！」隔天一大早，貨車把口罩運回台北，黃金舜發現問題更大！

全聯會辦公室堆得跟一座座小山似地。他動員六、七個員工，戴口罩、拿夾子，一片片分包。「我們自己是藥師，總不能像包茶葉蛋那樣包。就這樣，兩片、兩片裝進袋子裡，很費工夫。」

黃金舜把整個流程拍成影片，連口罩一併分發下去。雖然有些縣市願意配合，但還是碰到許多問題。「我們把口罩配給各縣市公會、他們再請會員來拿，又不能拿多，會員大老遠跑一趟，就只拿回去二十五包、五十片口罩，簡直怨聲載道。快遞也不是辦法，送一趟得花八十元，但問題是，錢怎麼收回來？一來一往要請兩次快遞，吃掉二十五片口罩的成本。這還多不說，來回得花兩天，會員們怎麼不罵？

「二月二日指揮中心約了我去，甚麼問題都沒談，就要我們務必配合政府的政策。」

距離二月六日罩實名制上路，政府只給黃金舜四天的時間，他只好趕鴨子上架。物流問題得先解決！陳時中也跳進來幫忙；緊接著，黃金舜與各地方公會會員緊急協商，抬頭一看，竟然聽到行政院長蘇貞昌在三日晚間，逕自宣布行政院已經拍板定案，口罩將由全台灣健保藥局負責販售。黃金舜想，這會兒慘了，非得硬著頭皮幹了。

隔天，他首先做出回應，「蘇院長既然這麼說，全國藥師公會願意配合；但政府必須幫忙解決下面三個問題。第一，封口袋原本一包一百、兩百元，一夕之間暴漲為八百、九百元，我們願意吸收，但不能要我們開發票。況且多這麼一個流程，又得耗掉許多時間。

他們曾經實驗，光是分裝口罩至少得花一個小時；插健保每人耗時十幾秒，一天一百二十五人得花上半個鐘頭；另外上路初期，一定得有許多糾紛，這部分耗時最多。因此粗估每家藥局每天賣口罩，至少得花三個小時。

人手不足也是問題。黃金舜說，有些藥局只接診所的處方箋，稱之為「門前藥局」，只配一個人。只有一個辦法解決，就是利用每天開業前一個小時、打烊後一個小時，專門來賣口罩。

當得到正面的回應之後，黃金舜在二月四日下午五點召開記者會。沒想到記者會一開完，他被罵得狗血淋頭！

「沒有辦法了！我們必須做！這是社會責任，我們責無旁貸！」黃金舜的態度強硬，要各地方公會跟著他的腳步前進！他甚至使出殺手鐧，凡是不願配合的藥局，要政府直接取消他們的健保資格。

就這麼，全國藥局、藥師在政府的「教召」下，齊赴戰場。他們在一天內，克服了幾件事。第一，各藥局大小不一，有的緊鄰餐廳或小吃店，一時之間一百二十五人大排長龍，動線該如何規劃？第二，藥師必須展現專業素養，除了無菌包裝之外，還必須傳遞民眾戴口罩、勤洗手、共同防疫等觀念；第三，同一地區藥局彼此錯開販售口罩時間，留一家藥局殿後，方便下班民眾購買；第四，發放號碼牌，讓民眾得以先行離開，只要趕在藥局打烊前領取即可。

二月五日晚上，黃金舜一夜難眠，有感於自己大半生以來，從沒有機會為國家做事。如今機會來了，只許成功、不許失敗。

隔天一大早，他六點多就出門了，等到到住家附近的藥局一看，門口竟然已經大排長龍；而員警和分局長也在現場待命。

幾天下來，大小狀況不斷。有民眾因為不耐久候而無理取鬧、買不到的人指責藥局作弊、買到瑕疵品的在現場沒完沒了……，幾乎每一家藥局的藥師都被罵、甚至還有人被打，只是媒體沒有報導而已。

陳時中為藥師藥局打了八十五分，後來被曲解為為自己打分數。其實記者先問黃金舜，他打八十分，陳時中加了五分，算是給他們加油打氣。

黃金舜無法坐視藥師承受被打、被罵的壓力，於是請求警政署長陳家欽支援。他很阿莎力，非但在一個小時內下公文給全國各縣市的警、分局，還在六千家藥局設置巡邏箱。或許有警方介入，藥師變得心安，民眾也逐漸開始守秩序。

至於人力不足的問題，他請里長召集志工，但這方面成效不彰。

黃金舜原以為隨著疫情的發展，藥局可以在二月十五日解除任務；沒想到蘇貞昌十三日又再次公告，自十七日開始，每天口罩販售量，將由一百二十五人次，擴充到二百五十人次。這麼一翻倍，藥師的工作時數，立刻從每天三小時，跳增到五小時，黃金舜一聽差點昏倒。他的群組一天湧入五百、六百通謾罵他的留言，甚至有藥師串連要罷免他。他只好向行政院副院長陳其邁求助，想辦法解決口罩分裝的問題。

可以想的辦法，他們都想了。辦法一，能不能在工廠請阿兵哥幫忙？工廠沒有多餘的空間，不可行！辦法二，能不能在工廠外面搭一個棚架？怕空氣汙染，還是不可行！辦法三，請阿兵哥到藥局幫忙？藥局也沒有空間。最後還是陳其邁聰明，他說，乾脆一家藥局一天發八百元，看他們要找工讀生，還是當成補貼。解決了！就這麼，從每人每週限購兩片或三片；再到每人兩週可購置六片或九片。全台灣六千多家藥局，伴隨民眾一起度過危急存亡之秋，那美好的戰役，他們終於打過。

當黃金舜捫心自問：自己何以要浴血沙場？他說：「我告訴自己一定要成功，否則我會害死我兄弟；而我不想看到陳時中變得悽慘，這就是為什麼！」

第23章

健保卡起神威

連戰在行政院長任內，推動《全民健康保險法》，並且在一九九五年三月一日正式實施，可能料想不到，二十五年後，健保卡起了神威，竟然可以用來防疫。

二〇二〇年一月二十五日農曆新年，行政院副院長陳其邁拼命打電話找健保署長李伯璋。甚麼事那麼著急？因為五天前，一位自武漢搭機返台的女台商，隔天二十一日確診，打破台灣防疫零確診的紀錄。為了防堵疫情擴散，政府勢必趕快拿出辦法。

陳其邁外號叫「快快快」，口頭禪是「緊緊緊（台語）」，李伯璋當時接到他的奪命連環call，不知道是怎麼飛回來的？總之立刻坐鎮健保署，開始「催催催」。陳其邁只給他兩天的時間，要他將移民署最近三個月內到過湖北的出入境名單，與健保署雲端系統結合，讓醫療院所插卡就可以查到旅遊史。

真是「養兵千日用在一時」！要是李伯璋先前沒有建置「健保雲端系統」，恐怕大過年從外太空飛回來，也無法完成。

當時他到行政院開會時，蘇院長直接問他：「署長，沒問題吧？！」李伯璋回答：「『應該』沒有問題！」被蘇貞昌打槍：「署長，你不能說『應該』！」李伯璋醫師當久了，很少說「沒問題」三個字，「以免到時候出問題，我的腦袋被人家砍下來，當椅子坐！」他馬上趕回健保署，再開了一次會，才把「應該」兩個字去除，變成完全「沒問題」！

健保署資訊組科長張齡芝接獲指示後，立刻把同仁召回，直接在原有雲端系統上開發功能。他們先請疾管署出面，請移民署移轉入境資料，包括：入境日期、ID和居留證號碼，先期以武漢和湖北地區為主。移民署採每天批次的方式提供、每天下午提供前一天的入境資料，交健保署更新。

由於任務緊急，先期作業以人工為主，包括收發檔案、統整和資料庫匯入等，礙於時間壓迫，光是更正資料，就大費周章。例如原始資料中，經常出現ID空白紀錄，或是身分證超過十碼，得反覆跟移民署進行確認；等資料釐清後，還必須轉換成雲端系統格式。兩署之間，必須維持高度默契。

經過與時間賽跑，一月二十七日開始，凡插入三卡——民眾健保卡、醫事人員卡和醫療院所安全模組卡，就可以在雲端系統病人「摘要資訊區」，跳出警示視窗；而旅遊警示最初只有一行文字，告知患者去過哪些國家，後續才加入顏色，以及護理人員、藥師也可以讀取功能。

加入護理師和藥師，護理人員在掛號、藥師在給藥時，可以先期了解病人旅遊史和接觸史；護理人員也因為授權，得以在機場檢疫或在醫院的「發燒篩檢站」使用。

各大醫院進行分流時，健保卡也成為「門禁卡」。李伯璋記得，侯友宜哥哥、高醫院長侯明鋒最早響應，其次則是台北馬偕醫院。

隨著疫情通報範圍迅速擴大，健保署四天後又加入中、港、澳地區出入境資料，筆數從幾千、跳到三十一多萬筆。為了加快速度，資訊組設計了「地區代碼檔案」，再將移民署的資料移入，就算三千人同時進來，也可以批次下載。當次，也列入接觸史。

針對隱私的問題，李伯璋強調，這是防疫期間不得已的作為，沒有三卡，看不到病人資料。

一張薄薄的健保卡，如何成為防疫大砲？這話要從頭說起！

李伯璋是台灣移植外科的名醫、曾任台南醫院院長，與哥哥李伯皇均為「醫療奉獻獎」得主。兩兄弟出身貧寒，是雲林子弟，為了分擔家計，雙雙步上行醫之路。二〇一三年李伯璋獲獎時，哥哥就坐在台下，當提到他過去如何拿著襪子教他動手術時，不禁哽咽。

李伯璋二〇一六年五月二十日接任健保署長，有感於病人每換一家醫院，為了解病史，醫師就安排重做一次檢查，以電腦斷層攝影（CT）及核磁造影（MRI）來說，照完之後，又得花一個禮拜等待檢驗報告，才可以回診；有些病人乾脆不回去，直接換一家醫院重新來過。

院與院影像病歷資訊不共享，是問題所在，不管回診、還是轉診，同樣意味著醫生必須花一個禮拜等待，不僅嚴重延宕病人病情，對健保資源更是一大浪費。根據統計，光是二〇一七年一年，就浪費健保十七億元。

建置「健保雲端系統」之前，必先取得醫療資訊，當時各大醫療院所頻寬不足，醫學中心和區域醫院還好，十％都換成光纖，地區醫院也達到八成；唯獨部分地區醫院、尤其基層醫療，竟然依然有七十五％使用ＡＤＳＬ，頻寬只有512k、傳輸品質差，電信人員下班或是休假，就無法報修。

因此，李伯璋求助時任中華電信董事長鄭優、還有同鄉立委劉建國協助，將網路頻寬升級，等到二〇二〇年一月，連落後的九十二％檢驗所等處，七十六％都換成光纖。

後來李伯璋就是拿著這套劇本，向蘇貞昌、陳其邁和陳時中報告，保證健保卡絕對可以查旅遊史。

初期有台商以自費隱匿旅遊史，他擔心成為防疫破口，指示建置查詢網頁，即使病人謊稱沒帶健保卡，只要他們在掛號時填寫「查詢同意書」、輸入身分證字號，照樣可以查詢。

隨著不同確診個案出現，健保卡也註記職業別。首波對象針對四大機構和住民，包括：醫事、長照、兒少／產後護理機構、康復之家／榮民之家；空服員其次。當有任何人看診時，遭到歧視，李伯璋必須一一化解。

還是有漏網之魚，當「敦睦艦」四月二十日四人確診，經醫、護提醒，原來隨艦官兵出國，健保卡上沒有顯示。台中的一名確診者，兩度到診所就醫，就因為不在註記範圍內，而成為防疫漏洞。權宜之計，李伯璋接獲指示，將艦上七百四十四人註記三十天，連家人及接觸者等二百五十五人，一併列入。

從職業別分類，可以看出一頁防疫史。其中，留學生／遊學生／交換生／一般學生確診人數最多八十三人、其次是台商六人、學術研究人員四人、醫院護理師三人、機師／副機師三人、空服員兩人；幾個指標案例——白牌車司機、外籍看護工、機場旅遊中心人員、公務員、導遊等，也各自有一人。

第一次打有限戰，健保署花兩天時間拿下灘頭堡；等推「口罩實名制」，陸續完成「防疫口罩管制系統」、進行各項測試之後，健保署花了三天，又攻占另一個山頭。

當二月六日口罩開始在藥局販售，李伯璋接到兒子的電話，告知高雄某家藥局發號碼牌，效用不錯。他不知道，是自己老爸前一天，一一打電話跟藥局溝通的結果。所以李伯璋說，原本藥師公會要求他解除不願意配合的健保藥局特約資格，他實在說不出口。

之後2.0版上路，民眾可到超商預購，也拜先前即已建構的「健康存摺」之賜，健保署在原有的APP加開功能，同時再次請電信公司協力，以手機SIM卡來認證身分，不僅不再受限於只有持自然人憑證才可以申請，也連帶使「健康存摺」的使用人數，突破百萬人大關。

上任以來，他前後隨陳時中部長三度前往WHA，雖然不得其門而入；但私底下總會提醒部長，多宣揚台灣的健保制度。經過這次成功戰疫，陳時中以後不必靠自己說，因為誰都見識到了，台灣的健保世界雄蓋讚！

第24章

老驥伏櫪

疫戰開打，民眾隨身攜帶的武器，除了口罩之外，就是酒精。既然是防疫聖品，第一時間自然缺貨。最後全靠台灣六家國營酒廠衝鋒陷陣，保家衛民。

「酒精國家隊」成員為台中、嘉義、隆田、屏東、花蓮和宜蘭等六家酒廠，其中宜蘭酒廠年紀最大，一九〇九年創立，是台灣歷史最久的酒廠。

其他酒廠不遑多讓，動不動可以抬出「大正時期」的招牌。台中酒廠的前身，是日治時期民營「大正清酒株式會社台中工場」，設置於一九一六年，是中部地區最大的酒廠；與台中酒廠同年的嘉義酒廠，廠房全部木造，因此縮小建地為二千九百四十五坪，除了小家碧玉之外，還命運多舛，在二戰時期曾經遭美軍空襲，容顏已改。

年紀最輕的兩個酒廠，分別是一九二三年誕生的屏東酒廠，是公賣局生產米酒最多的酒廠；至於隆田酒廠在一九三九年一月才找到落腳處，未改名前叫「番子田無水酒精工場」，占地二萬五千坪，血統純正，二戰時期曾經化身軍工場，專門生產丁醇燃料，供給前線日本軍機作為燃料使用。

宜蘭酒廠高齡一百一十一歲，屬人瑞級酒廠，四代、五代師傅站出來，資歷頗深，動輒超過三十年，打工、戀愛、成家、立業，大半歲月都在酒廠度過。只是萬萬沒想到，有朝一日，竟然要重新披上戰袍，到戰場上廝殺。

宜蘭地靈酒傑，潮濕的氣候，有利於紅麴菌的繁殖，造就出「紅露酒」的絕代風華，成為宜蘭家喻戶曉的頭號紅牌，而且僅此一家、別無分號。既然身為酒廠的搖錢樹，一個月有一萬六到二萬五千打的銷量，徐娘半老的「紅露」經過師傅的巧手改造，變得更加精緻，總計雕琢出四種面貌，任君挑選。至於其他蘭姆、金棗、桂花，也各領風騷，凡宜蘭人很少叫不出名字。

宜蘭酒廠總共一百四十三名員工，一條生產線有二十八人固守，從釀製——投料、蒸煮、發酵到壓榨、合蒲（釀造）、入甕，到洗瓶、撿瓶、裝酒、檢酒、貼標到裝箱，兩條包裝線，圓瓶一分鐘可裝四百八十瓶、方瓶二百二十瓶。如果加計觀光工廠和外銷收入，年產值高達十億元，所以有「金雞母」的稱好。在扣除薪資和原料成本之外，營收全歸國庫。

政府原來排訂生產酒精的酒廠，只有屏東酒廠一家，後又陸續加入其他五家。農曆年前，政府與台酒董事長丁彥哲商議，要各國營酒廠配合防疫。當指令下達之後，宜蘭酒廠開始對「紅露」疏遠，挪出大半的精力，專注在酒精身上。

江添慈從學生時代就進入宜蘭酒廠打工，另一半也是酒廠員工，半輩子幾乎以酒廠為家。也因為資深，所以當酒廠一九八三年發生大爆炸的時候，他記憶深刻。

「那次爆炸釀成二死十五傷，原因是螺絲鬆脫，造成蒸餾槽爆炸，爆炸威力驚人，連對街五百公尺外的台銀玻璃，全都被震碎。我差點兒也沒了！所以剛接到命令，我有些排斥；既然長官交代，我只好硬著頭皮做！」

宜蘭酒廠先進行超前部署，重新檢討設備和裝備，包括：原料調度、調和、包裝、防爆、商標等；至於酒精屬於「管制性公共危險物品」，非常時期，政府也配合鬆綁法規，還給予免稅優惠。

在安全維護上，他們特別小心、也花了一番功夫。第一，他們先把原先設在調和室和溫酒過濾室的偵測設備，移到包裝區；第二，加裝防爆設備、加強通風設備；第三，穿著防火衣、避免穿毛衣，防止靜電；第四，清洗水溝，就怕包裝外溢時，酒精殘留還留在水溝裡。

三十七年前那次大爆炸發生以後，台酒不惜血本，更換所有蒸餾系統設備。這次動工之前，公司做了全面性安全檢查，也要求每班次、每兩小時做一次酒氣偵測紀錄；還在廠區加裝警報器，連接製造科辦公室。

可是第一天上工，員工還是不放心，幾乎把全部的裝備，都穿在身上，直到確定安全無虞之後，才敢脫掉。

由於酒精採國際標進口，備料老早在前一年就確定，基於時間緊迫，他們把原來做生產用途的酒精，先挪用。用進口九十五度酒精，加水稀釋，再勾兌出七十五度的藥用酒精。他們認為，七十五度酒精，消毒效果最好。

酒廠還一度考慮，萬一酒精原料不足的話，可以用原料米酒釀造酒精，這是資格老的酒廠，才想得出的辦法；但因為考慮成本過高，最後作罷。

二月十七日「酒精國家隊」整裝出發，卻連紙箱和標籤都沒有，他們把包裝「紅露酒」的紙箱反摺，先湊合著用；至於標籤則交由自家酒廠印刷廠趕印。

剛開始酒精需求量大，他們每天都工作十二個小時，從早上八點、一直做到晚上八點；三月份，假日只休息一天。

按照平常的速度，原本「紅露酒」一分鐘可以出一百二十瓶，但是酒精他們不敢躁進，剛開始一分鐘才走八十瓶，後來提升到一百瓶，就不敢再往上加了。

大功告成後，酒廠每天早上七點五十分開始分發號碼牌、八點準時開賣。為了爭搶一天限量六百瓶的酒精聖品，長長的人龍把宜蘭酒廠團團圍住；加計其他五家酒廠的日產量，總計一天可供應二十四萬瓶。

這是及時雨，是一群幕後英雄，用生命換來的。

第 25 章

印記

台北市立聯合醫院胸腔外科主治醫師鄒冠全，二〇二〇年三月二十日在臉書上貼出一張臉譜，照片中的他，從鼻梁到兩頰，被深深的印痕給覆蓋。當時，凌晨四點，他在桃園機場為返國旅客進行採檢。臉書上只有短短的一行字：「第一輪，二十九個完畢！」

這張照片原本他先傳給老婆看，後來貼在臉書上，引起震撼！

那天，從凌晨五到八點，他總共做了三十二個，接下來幾天，他又去了兩趟。

「你怎麼這麼狼狽？」這是鄒太太看到的第一個感覺。事實上，他不是從家裡出發，而是從醫院去。在此之前，他已經上了一天班、值大夜，事急權變，前往桃園機場。

「早上八點，其實我們內科已經先去了，一班四個小時；下午一點的班，也有人去。院方找人填寫整週的班表，我本來填下週二，因為凌晨四點這班很緊急，所以我就去了。」

跳上醫院的派車到達機場，他先把自己整個人包起來，先穿內、外兩層隔離衣，內層是白色兔寶寶裝、外層是輕薄的防水隔離衣，有紅、藍兩色；戴上手套，也有兩層；再戴上N95口罩和外科口罩、護目鏡、面套、腳套。穿好之後沒多久，他就感覺既熱、又悶。

檢疫流程分成兩塊，前線是疾管署。旅客過海關，先申報自評表，再依有、無症狀分類。如果在樓上已經發燒，就直接帶往醫院；有疑似症狀者下樓，由他們進行採檢。

那段時間，歐、美大批人潮返台，第二航廈充斥著搭紅眼航班回來的旅客。當走到檢疫站前，鄒醫師將雙手從壓克力做成的手洞中伸出來，拿棉花棒放進檢驗者的鼻腔或喉嚨，十到十五秒，抽出來、放進採檢瓶、蓋起來、貼上標籤，就可以送出去。

鄒冠全說，其實採檢不算甚麼，他在院內看見醫師幫病人插管，才更危險。

要感謝的人實在太多了。

中山大學附設醫院鄭凱倫醫師，特別在臉書上感謝幫病人做胸部X檢查的放射師，稱他們是疫情中的無名英雄，「他們必須全副武裝，包到連自己老母都認不出來！推著移動行X光機，直接面對疑似個案。」

《台東大小事》也貼出一雙雙發白、佈滿皺痕的手，像是經歷過一場奮戰後留下的傷痕。

「從病室走出來，才發現自己身軀微微顫抖，汗水在密不透風的隔離衣下，猖狂浸濕每一寸肌膚。每次進去，著裝就耗快十到十五分鐘⋯⋯，我站在前室一個小時，才終於看到護理師坐下休息五秒；五秒後，又因為警報聲響起，又繼續站起來忙碌。

直到病患轉院後，才把裝備和懸著的一顆心，一起卸下！」這是一位楊茹閔小姐，紀錄護理師在前線作戰的實況。

醫護照顧病人，誰來照顧醫護？「自己的同仁，自己顧！」奇美醫院是這樣做的。

早在政府對醫事人員擴大篩檢前的兩個月，奇美醫院就已經為第一線人員做過「安心篩檢」，每天也要求通報體溫。尤其是在急診室和負壓隔離病房工作的同仁，只要一有疑似症狀，他們就安排採檢、就醫。

從SARS開始，奇美醫院就設立了「關懷委員會」，以及設計量表，醫護人員身體狀況若有不適，不管於身、於心，只要打通報專線，就有初、進階關懷。

前奇美醫院院長詹啟賢，以治軍嚴明出名，但照顧醫護人員，從來不吝嗇，醫護人員在防疫期間，每班加發五千元，就是他那時候開始的，到現在奇美還維持這個傳統。

新光醫院一位護理師坦言，她以前在外科病房照護病患，壓力不像現在在專責病房那麼大。主要的壓力來源是，她不希望自己成為破口，影響全院、甚或家庭。有些護理師乾脆住在醫院宿舍，即使她住在家裡，兩夫妻也暫時分房睡。

「心裡負擔最重的是，照顧肺炎病人，尤其他們採檢還沒有呈現陰性之前，我們都很擔心。碰到疫情高峰期，病人很多，一個人要照顧四位、有時候七位，每次穿、脫防護裝備，時間拖得很長，進一間穿、脫一套，往往一、兩個小時下來，不只衣服全濕，臉上也有兩道痕跡，一條是護目鏡、一條是面罩留下的。」

有的病人習慣熱菜，護理師要不時著裝，把熱水送進去，他們只能要求病患多給一些時間。由於防護衣不夠，她們通常採取一個出來、一個進去的接力方式，避免兩個人同時面對一個病人。

「以前抽血、打點滴，我們一次就成功，現在隔著面罩、有弧度，因為冒汗，看不清楚，要重複好幾次。」

還是有感動她的力量，例如幼稚園的小朋友要她們加油、搶著合照；以及學校把餐車直接開進醫院，當場做漢堡給她們吃。

在負壓隔離病房久了，護理師和病人之間，建立起特殊的感情。「他們一個人在病房裡很孤單，三餐在醫院吃、對外聯繫只能靠手機。我們經常用視訊或Line群組，為他們加油打氣。」

平常護理人員全身上下包得緊緊的，幾天相處下來，病人全然不知她們本來面貌。在一位病人過生日當天，奇美醫院護理長陳惠滿決定給病人一個驚奇。她們先躲起來，由主治醫師假裝用視訊為他看診，等他用手機看到我們的時候，非常感動，覺得他沒有被忽視、被遺忘。

奇美醫院還會找營養師幫病人設計飲食、請成長治療師與病人懇談、還會幫他們設計舒展運動，連有一位病人特別喜歡寶可夢，他們也盡量滿足病人的需求。

「歲月靜好，是有人為你負載前行！」這句話剛好用在陸軍軍司令部的化學兵身上，揹著A級的空氣呼吸器、再穿戴重裝備，十公斤壓在他們身上，負載前行，為民眾換得歲月靜好。

機場的角落裡、醫院的一隅，還有不少清潔員，默默為國人付出。別忘了，在四百多件確診案例中，還有一位清潔工也被確診。

這些人是台灣最美麗的風景，為防疫留下歷史的印記。

第 26 章

君在前哨

有太多無名英雄在前線戰疫，交織成一幅喜樂辛酸的畫面，令人久久難以忘懷。

王藥師與丈夫和一名藥助，共同經營南港一家藥局，在這次政府一聲令下，投入口罩實名制的行列。

二〇二〇年三月十一日，王藥師在櫃台前販售口罩，因為返還健保卡時發生錯誤，六十多歲的李姓婦人自己不查，事後返回藥局高聲怒斥，儘管王藥師連聲說：「對不起！對不起！」李婦仍不肯善罷干休，竟然要王藥師下跪道歉。為了息事寧人，王藥師雙膝下跪，向婦人求饒。

藥師公會全聯會理事長黃金舜當時人在外縣市，當看到《東森新聞》報導，直接打電話給電視台，跟他們調帶子；後得知發生地點在台北市南港區的王藥師藥局，他先請在地公會幹部聯繫見面，但被王藥師一口回絕。

在黃金舜再三勸導下，王藥師終於答應見面，雙方約在藥局附近的土地公廟。王藥師執意不肯報案，經黃金舜曉以大義，告知全國輿論沸騰、全民同仇敵愾，最後她才願意到警局製作筆錄。

由於事情鬧大，藥局門口被記者和SNG車包圍，王藥師索性將鐵門拉下。

由於李婦矢口否認曾要王藥師下跪；她的女兒甚至出面反控：「是她自己要跪的！」黃金舜因此向警方確認錄影畫面，李婦確曾揮手示意要王藥師下跪。「每個人個性不同，不該跪的、反而跪了！」黃金舜立刻找律師幫她討公道。「我們可以接受道歉，但李婦不能一直不承認！」

黃金舜聽律師轉述，當他與王藥師商談案情時，她面色慘白、神情恍惚，整個人都崩潰了。

即使在丈夫陪同下，她出席全聯會召開的記者會，第一時間卻躲在房裡不肯出來；直到黃金舜請人拿帽子、口罩和絲巾，把她整個臉都包起來，她才出來面見媒體。

當衛福部長陳時中和疾管署長周志浩在記者會上聽到這個消息，感到不可思議。陳時中撂下重話：「若民眾對藥師施暴，將會施以最嚴厲的處分。」北檢也不縱容，迅速以涉嫌強制、公然侮辱、違反醫療法等罪，將李婦移送士林地檢署偵辦。

「王藥師事件」並非單一事件，另外一名高雄女藥師，亦前往高雄三民區的第二分局鼎金派出所報案，原因同樣是拿錯健保卡，擔心自己遇到像王藥師一樣的遭遇，因此向警方備案。警方很快找到拿錯健保卡的顏姓女子，才讓女藥師放心。

類似糾紛不斷，一位婦人不知道先前小姑已拿她的健保卡把口罩買走，誤以為遭人盜刷，激動地跟藥師理論，還把藥局玻璃櫥窗給砸破，事後才發現自己理虧。

五月一日新北市三峽一間藥局，貼出一張公告，上面寫著：「藥局另聘之口罩販售人員，因被王姓老翁辱罵憤而離職，藥局一時找不到人，只好停止下午一到三點的口罩販售。」

類似情節早在三月就曾經上演。新竹一間藥局遭到一位阿嬤怒嗆：「不開心就不要做！」沒想到藥局真的貼出公告，暫停販售口罩一天。

最嚴重的恐嚇是，桃園一名婦女因為買不到口罩，揚言要開車衝撞藥師。

新莊揚明藥局的張盟宗藥師，為了配合口罩實名制，壓力和工作量大到在三月十一日突然血尿。即使如此，他還是忍痛，連夜把口罩包好、第二天早上照常販售，之後才拖著病體直奔醫院。

當醫師知道他是藥師，只花了兩天，幫他做完七項檢查。當醫師要求他住院一天，再做輸尿管檢查，因為要全身麻痺，他馬上打退堂鼓。

自從配合口罩實名制推動，張藥師每天用鬧鐘叫自己起床，有一天他把鬧鐘按掉，賴了一下床，卻不小心睡過頭，原本九點三十分就得開賣，他睡到九點四十分才起床，等九點五十分把鐵門拉起，不堪久候的民眾破口大罵。從那天開始，他沒有一天睡過好覺，幾乎每小時就起來一次。一個鬧鐘不夠，又用手機定時，深怕再不小心睡過頭。

張藥師五十三歲，突然血尿，令他大吃一驚，以為自己罹癌，幸好檢查結果出爐，不過虛驚一場。

他個人經營一家藥局，每天光是分裝口罩，就得花上三小時。事前準備工作，他也一點兒都不馬虎——先在桌上鋪一塊消過毒的塑膠布，雙手再用酒精擦拭，之後再做分裝。

在政府尚未提供制式信封之前，他自掏腰包、花了好幾萬元，購買包裝袋，不僅無償、還做賠本生意。

為了因應政府滾動式的調整，大大小小的公告，他就做了十幾張；他還自製一百、二百張號碼牌。原本店內只有一台讀卡機，為了加快刷卡速度，他又增購一台，每天左右開弓，好像「雙槍俠」一樣。

為了體恤一大早排隊的民眾，他提前在九點多就開賣。他怕會發生健保卡糾紛，想了一個土方法，要民眾在繳交時簽一次名、領回時再簽一次。這時候，他又扮演起「收發」。

很多藥師都會讓民眾先領號碼牌，等有空回來取貨，就是有人一去不回。如此一來，口罩會有存貨、買不到的人會抗議、第二天回頭又吵鬧不休，徒增藥師困擾。

台灣最美麗的風景是人，當然也有令人感動的場景。不少熱情的民眾，紛紛送上水果、咖啡、便當，甚至還有年輕的藥師，接到女子的獻花。

台南安安藥局的徐珮娟藥師，挺著三十六週的孕肚，每天站在櫃台前賣口罩，一個小時喝不到一口水，連上廁所的時間也沒有。因為藥局旁邊就是官田工業區，員工上班一定得戴口罩，否則不准入廠。「他們養家活口，賺錢不容易，如果買不到口罩，我於心不忍，自己辛苦一點沒有關係！」

「還有，我們鄉下老人家，大多要到醫院看病，沒戴口罩，醫院不准進，我一定讓他們都買得到口罩。」

二〇二〇年四月，徐珮娟寶寶誕生，是個壯丁，她很驕傲地說，寶寶在媽媽肚子裡，就知道媽媽在做對社會、對大眾有意義的事。這個寶寶也可算是「口罩國家隊」的成員。

賣口罩不易、把口罩送進藥局的郵差更不易。蔡英文總統稱這些人為「防疫英雄」，一點兒也不為過。

中華郵政工會外勤事務委員會主任委員康智庭說，口罩實名制政策一發布，他們就忙著規劃各大藥局的快捷郵路。「不管是運送口罩、酒精，都得找熟手，只有快捷郵差知道全區路線，偏偏這方面人力原本就少，基於一份為國家做事的榮譽感，交通部將任務交下來，我們一定使命必達！」

初期，每個禮拜限購兩片，全台六千五百一十五家健保藥局、五十二處偏鄉衛生所，每處配給大人口罩兩百片、兒童口罩五十片。一天下來，中華郵政總計要配送一百六十萬到一百七十萬片。以都會區來說，一天得跑八十到一百家藥局；後來量越來越大，加上口罩體積過於龐大，一家藥局一趟載不了，得跑兩趟，因此人力調度變得吃緊。

尤其剛開始的時候，有些藥局不願意配合，郵差好不容易把口罩載過去，卻遭到拒收，而且對方態度不好，最後他們只好又把口罩載回來，連帳都要重做。

口罩載送過程繁複，從接收、轉運、封裝到運送，每一個環節都費功夫。口罩人人瘋搶的時候，郵差在運送途中，深怕萬一被偷、被搶，開郵車、就像開運鈔車一樣，絲毫不敢大意。

後來他們又接到運送酒精的工作，一個點送三箱、重達四十公斤，加上酒精運送有其風險性，每位郵差的體力都到達極限。

郵差還得替居家隔離者送包裹，還得送到樓上住家。為了維護當事人隱私，他們手上沒有收信人名單，對他們來說，簡直是前所未有的考驗。

「綠衣天使」進出醫院，也是經常的事，偏偏醫院收發往往設在樓中或是頂樓，在防疫期間，必須承擔風險。中華郵政為考慮郵差安危，最後下令無須進入院區樓層。這樣一來，增添彼此遞、收件的許多不便。

君在前哨，犧牲小我，完成大我，著實令人感佩。彰化「摩戴舒」口罩工廠的顏鈴玉女士，就是其中之一。

她五十八歲，多年前，曾與先生開過小型工廠。後來，則在「摩戴舒」工作十多年。因為丈夫生病、大女兒出嫁、小女兒為聾啞人士，全家就靠她一份薪水養家。為了幫國人趕製口罩，重複了十多年的同一個動作，竟然出了差錯，她的右手中指上半截，不幸遭到截斷。當機器劃過她的手指，切斷她的神經，當下她沒有痛感；慌亂間，同事將她的手指從地上拾起，將他們送醫。由於手指神經過細，手指重新接回的機率不高，顏女士當下立斷進行截肢。如今，她又回到生產線上，繼續為國人打拼。

這些人美麗身，堅毅又高大，值得寫入抗疫史冊當中。

第 27 章

侯友宜威脅

對抗新冠疫情，除了中央表現亮眼，新北市長侯友宜屢屢超前部署，許多決策都超前中央，防疫兵推更做得有板有眼，成為不可忽視的一股力量。

由於侯友宜善於說故事，尤其講到他助陳時中一臂之力，與蘇貞昌過招，迫使指揮中心一級開設，精彩無比，所以採侯友宜口述方式記錄，內容如下：

農曆春節前夕，我交代副祕書長，至少過年前三天做兩件事，一是動員醫療體系，二是盤點防疫物資。

有三個確診個案，對我來說挑戰最大。第一個是國內第二起本土家庭群聚感染，之所以緊張，除了案24本身，還因為她的兩個女兒都在當老師，怕發生校園群聚感染。第二個則是國內第三起家庭群聚感染，死亡的八十幾歲老翁（案27），他的十一歲孫子，因為有到補習班上課，所以我不敢掉以輕心。再來則是案268，他開工廠，一整個月都在發燒，先去和平醫院看，住院住了很久，都沒有發現確診，直到住進亞東醫院，才檢查出陽性。他太太陪他睡了一個月，還好沒有感染。那一個月，我每天都提心吊膽。

大年初三，我在林口竹林山觀音寺發福袋，後來看了疫調才知道，案24竟然也在現場，我不知道她有沒有領福袋，還好我戴上口罩，等發現時，已過了十四天潛伏期。那段期間，中央大力宣導「健康者不必戴口罩」，醫師也天天在電視上說，害我被罵死了，只好順時中說，在人潮擁擠、密閉的空間才要戴，通風良好的地方不必戴。

過年期間，我發現很多人買不到口罩，天天跑到口罩工廠去看，一連看了好幾家。我以前在警界專門管防疫物資，相當有經驗。後來派警察去工廠站崗，確定口罩數量不夠，於是跟政府建議。可是蘇貞昌卻信誓旦旦說，政府準備了四千五百萬個口罩，每天發一千萬個，絕對夠用。

後來我又到萊爾富超商去看口罩怎麼賣？令我訝異的是：怎麼是人工包裝？而且每家每天只限量二百五十片，不到十分鐘就被搶光，排在後面的始終買不到。於是我再次跟中央建議，要推口罩實名制。

我也去了全台最大的額溫槍工廠，老闆跟我說，學校過年前就訂光了，而且外銷訂單就下了兩萬支，如果不出口也可以，只有一個辦法，就是請經濟部解禁。

我的經發局長從經濟部過來，我請他去溝通，結果他們無動於衷，顯然並沒有準備好。

後來中央實施口罩實名制，原本七天三片變成兩片，我請經發局去問經濟部，到底還剩多少口罩？經查發現，一天只有一百七十五萬片，所謂管制，有的有管、有的沒管到。我當時喊出「阻絕境外，掌控境內」。武漢包機回來，柯文哲大嘴巴，要中央公布「集中檢疫所」，陳時中反對，後來不找陽明山，選定烏來、龜山和台中市三個地方。

「鑽石公主號」發出細胞簡訊，大多在新北金山老街、烏來一帶，我跑去烏來安撫觀光業者，要他們趕快消毒；再到烏來集中檢疫所，盯了兩個禮拜。派在那裡的醫護人員，我原本就熟；警察總隊也都是我的人。

後來陳時中來，我提醒他，從國外回來居家檢疫的人很多，老是把他們關在家裡不是辦法，總要關懷一下，由我帶頭成立「關懷中心」，提供醫生視訊看診、環保局清潔隊倒垃圾、民政體系關懷包，在家可以追劇，頗為叫座，其他縣市也跟著做。

我還提醒陳部長，社區零星感染都在北部，甚麼時候會爆發大規模社區感染不知道，要及早做準備。我一方面找急救醫院，一方面在中央新村北側未啟用的社會宅，幫醫護人員準備了七百個房間、一千張床，否則他們回家會有顧忌。

當時我們就做好社區感染演練，確定ＳＯＰ流程，還拍成影片。做法是，將重症送到醫院、將輕症集中在檢疫所；如果重症者大增，則把輕症者移到「防疫旅館」，再把重症者安排進來，畢竟負壓隔離病房有限。

台北市郊區少，所以柯文哲「防疫旅館」大多集中在市區；我們郊區多，就往金山、萬里、石門一帶找，由新北市提供醫療、接送、送餐和消毒。

演練好之後，我開始與北、北、基、桃進行「區域聯防」，拜會柯文哲、林右昌和鄭文燦，把他們三個先拉住，跟宜蘭也打過招呼。

我當時就預告，「區域聯防」做好，我接著要做兵推，你不封、我封，只有過、而無不及。包括：擴大管制、封鎖人車、保持民生物資正常流動，封公共場所、封游泳池、封運動中心封、封KTV，最後連學校都封了。KTV業者不配合，我就從公安下手，給了幾次壓力，最後一百三十幾家都主動停業。

我這麼做，是想用高度管理，維持民眾低度生活，弄了快一個月，足足開了二十幾天會；同時參考世界各國，包含武漢在內的封城經驗——武漢也有武漢的經驗，不一定就爛，再將各國語言翻成中文，做出一套六萬字的兵推手冊。這原本是國安部門和行政院的事，他們不做，新北市來做。

之後開始模擬作戰，例如：用身分證號管制人車進出——一個禮拜只能出門兩次、限制只能到哪些地方，橋梁和人車又有甚麼管制標準……

我們還做區與區的模擬，例如：如果板橋、淡水或林口有大批民眾確診，該怎麼封？與台北、桃園之間，又該怎麼協調？當時疫情趨緩，人家問我：「你還要推嗎？」沒想到後來發生「磐石艦」事件，內政部、國防部和各縣市都派人來，連張上淳也蒞臨指導，走的時候，還把我那本手冊帶回去。

我問盧秀燕，怎麼不照著做？她說，我再怎麼演練，還不是跟你們一樣？況且你們做，沒有人會罵，專家、學者也不批。後來六、七十萬人上網，瀏覽我們的兵推。

案27，一家都住在慈濟醫院，照顧老先生的外傭確診，卻到處趴趴走，搞得人心惶惶；他的孫子每天活蹦亂跳的，後來確診為無症狀患者，我嚇了一跳，怕他去補習班上課，疫情擴大，趕緊去調錄影監視器，發現外傭在公車上其實有戴口罩，鬆了一口氣。

這得歸功捷運系統環狀線剛好，一整個月都在試車，九成的居民配合戴口罩，令我相當感動。這一次中央、地方防疫的成敗關鍵，就在於全民戴口罩。

我曾經思考，學校要不要延後開學？最後決定不僅大聲疾呼、還建議連補習班一起延，因為小孩子禁不起。

為了應付學校開學，市府同仁前後做了七、八次演練，被我罵得半死！我要衛生局以後專門報疫情就好、教育局也沒能力做，消防局跟我打仗、打了很多年，「重大災害應變中心」是他們在指揮，我就請消防局帶頭。（說到這裡，他納悶，為何中央消防署一點兒角色都沒有？）由消防局帶著衛生局、教育局和警政單位，演練量體溫、勤洗手、和消毒，要求教室打開窗戶、電風扇順著吹、課桌椅拉開。教育部一次都沒來過，我們做了兩、三次之後，孩子和老師都會了。

接下來是學校動線，七點到七點半這半個小時內，如何能同時應付兩千名學生量額溫？當時熱像儀不夠，教育部給我們的額溫槍又有夠爛，發下來的全都不能用，還好我們過年前就去掃貨，有一家品牌店被我們一掃而空；至於熱像儀則緊急請職校幫忙趕製。

我們用碼錶進行管控，幾秒幾秒都有計算；補習班甚至比學校還要嚴格，強制必須戴上口罩，娃娃車也一樣，不管你有沒有口罩，一定得戴，我盯得很緊。

後來教育部長潘文忠來了，到板中看我們演練，看了之後嚇了一跳：怎麼做得這麼好？這本來是教育部的工作，問題是，陳時中怎麼敢指揮教育部？後來很多學校跟我們調帶子，我們一律給，就這麼順利度過開學。

眼就全球疫情升高，我在二月二十日下令，高中以下師、生禁止出國，輿論大譁。國外疫情那麼嚴重，還想出國？出去可以，上簽！宣布以後，有人說我太嚴苛，我不管；第二天再度加碼，建議發布「緊急命令」，限制外國人入境、本國人出境、返國者必須進行居家檢疫和普篩、外籍勞工禁止入境。陳時中以前固定在下午開記者會，那天我八點宣布、他提前在十點召開記者會，只宣布外國人禁止入境，不認為要做普篩。我只是補位，明明知道你做不到，我不會戳破，不像柯文哲，直接就給你戳下去。

每次陳時中來，我就跟他提議：「中央流行疫情指揮中心必須一級開設，否則你搞不定！」他每次都回答：「有啦！有啦！」等我再跟他提：「這不是你一個人或一個部會的事，行政院也有責任，你要叫你後面的長官出來扛！」他就不講話了。

我每次講一級開設、一級開設，中央都不理我，我火大了，跑去開行政院會。我好久沒去，但每次去，一定會發言，蘇貞昌知道。以前蘇院長在報告結束後都會問：「有沒有意見？」之後進行裁示。那天他看到我現身，不知道我要幹嘛？等交通部一報告完，就直接跳到第二個。我心想，反正今天有兩個報告，我可以等第二個報告完，再發言也不遲。

沒想到，等衛福部報告完，蘇院長就立刻收了，害得我措手不及。我趕忙舉手。蘇問：「市長，你有甚麼事？」我回答：「以前我和蘇院長並肩作戰防疫，認為現在應該一級開設，不能再等，不然陳部長擋不住！」等我講完，蘇院長起初不講話，後來點名「衛福部陳部長」，陳時中站起來說：「我認為現在視同社區感染，要一級開設！」等他講出這句話以後，老蘇不得不裁示：「陳部長建議一級開設，就一級開設！不過指揮官繼續由陳時中擔任！」蘇貞昌刻意避開我，沒有關係，反正那天我幫陳時中解決了實質問題。那段談話我全程錄音，有四十分鐘，帶子還在我這兒。

有沒有一級開設差別很大，如果只到二級，陳時中只是衛福部長，可以指揮誰？但一級開設以後，他就代表行政院長，可以指揮各部會——經濟部管後勤資源、內政部警政系統配合疫調、交通部管大眾運輸系統戴口罩……以前他在行政院會報告，其他部會不講話，時中人也很客氣，打仗叫不動人、仗要怎麼打？現在不一樣了，各部會儘管不聽，但他就代表行政院長。

照道理說，行政院長原本應該是一級指揮官，但向來都是陳部長在前、蘇院長在後；發生甚麼事，也是陳時中在前面擋。

令我們感到壓力最大的是居家檢疫，新北市最高紀錄一天多達一萬三千零九十五人，我們有一千零三十二個里，每天電話打不完，要東、要西。我要里幹事跟他們加Line，光打電話不夠，還要視訊。像之前一位先生死在家裡，就是我們里幹事發現的。他早上通過電話、中午也回傳簡訊，但到了下午，電話怎麼打都沒人接聽，里幹事緊張了，趕快跑去敲門，無人回應，等進去之後才發現，當事人死了。

中央每次坐在那裡報完確診案例，我們就得在地方拚命。沒人敢休息，在我一聲令下，各區區長禮拜六、禮拜天都不敢休假，得跑到菜市場、夜市、商圈、百貨進行宣導。

抓人也必須動員地方警力。我第一次抓到趴趴走的，就重罰一百萬，最少也十萬起跳。新北市幾萬人居家檢疫，只跑掉兩、三個，一天就被我抓回來。

清明節我們寓教於樂、但也嚴加管控。我們做了一個防疫籤詩，內容是：「線上追思表孝心，分散人潮避風險，塔區防疫有控管，齊心抗疫保家園。」點閱率很高；意思是，祖先要你不要去，在家線上祭拜就可以。後來到現場祭拜的民眾不到兩成，我們則管制人潮，只准一個進、一個出，將室內管制在四、五十個左右，進去一樣量體溫、戴口罩。

清明節連續假期，我們全面備戰，九份、萬里等地，都有區長到第一線，所以南部發警報，我們新北一個都沒有。

後疫階段，我有四字訣——「易收難放」。之前疫情來勢洶洶，要急著收；放之前，也必須超前部署，不急著放、要穩著放。

我對中央處理急收沒有意見，但對於他們輕放，有很大的質疑。當然，探視親人解禁，是其必要性，畢竟是人倫親情；但是第一個放、就放高風險的長照機構，我最反對。全世界很多長照機構的長者死亡，一下子開放，長照機構都跳起來，壓力很大。

至於先後順序，應以哪個安全、哪個先放為原則，戶外最容易保持社交距離，當然先放；戶內必須戴口罩，當然要後放。

第 28 章

大外宣

帛琉總統雷蒙傑索（Tommy Remengesau）在防疫期間，天天親自上陣召開記者會，頗有「陳時中」的架式。看來，台灣防疫大外宣，一次做到太平洋去了。

二〇二〇年三月十九日，新光醫院以視訊方式，教導帛琉針對疑似案例進行採檢示範，事後，他們也將檢體送到台灣的實驗室進行採驗，結果呈現陰性。這場「世紀教學」，被陳時中譽為「比隔空抓藥還厲害」。

事情緣起於，帛琉一位美國義診團的志工，疑似感染武漢肺炎，安置在隔離病房中。台灣外交部接獲通報後，由新光醫院感染科主任黃建賢透過視訊指導採檢，並在我駐帛琉大使鄒民浤的協助下，讓檢體坐飛機、過海關，運送至疾管署的昆陽實驗室進行採驗。

新光醫院更進一步，在四月幫帛琉建置與他們同等級的「核酸實驗室」，派出RT呼吸治療師和醫檢師兩人親臨指導；還出動專機，載送呼吸器、檢測儀器等醫療物資。

因為「核酸實驗室」的誕生，所以當「敦睦艦」疫情爆發後，帛琉透過實驗室，三週採檢五百位隨艦官兵的接觸者，最後證明帛琉零確診，並非感染源頭。

除了教導檢疫之外，帛琉後續還透過視訊會議，跟台灣學習邊境檢疫、醫院檢驗隔離等作法。

事實上，外交部與帛琉進行「醫療外交」，早從二〇一一年開始，衛福部和新光醫院扮演關鍵角色。除了派員常駐當地之外，還執行四項計畫，分別是：社區量測、行動醫療團、醫護交流和病患轉診。最後這一項，由新光醫院與帛琉簽署協定，三年間促成七百五十人轉診。

太平洋有六個國家不具新冠肺炎病毒檢疫能力，至此終於帛琉具備了檢驗能力。此外緬甸也是新南向醫療政策推動的目標之一，新光醫院複製「帛琉模式」，加強他們的防疫能力。

二〇一九年十二月，一位雙手像鴨掌一樣的緬甸十五歲男孩，被新光「國際醫療團」在緬甸發現，把他帶來台灣，經過兩次分離手術，讓他能夠拿湯匙吃飯，他高興得說：「我從來不曾想像，會有這麼一天，可以自由吃飯。」

台灣防疫成功，勝過一切外交手段。最大的收穫是，WHO離台灣不再那麼遙遠。美國雙月刊《國家利益》發表專文指出，歐洲支持台灣參加世衛組織的力道，從未像此刻如此強大。全文整理出台灣這次成功抗疫的因素，呼籲趁早讓台灣加入WHO。

美國國務院「國際組織事務局」在第七十三屆世衛大會（WHA）於五月十八日以視訊方式召開前，在推特上發起「推文挺台灣」的活動，呼籲將台灣推進世衛大會；美國駐聯合國代表團也以推特響應，指禁止台灣踏入聯合國場域，不只冒犯台灣人民，更有辱聯合國自身原則。美國在台協會（ＡＩＴ）也在此前，連續好幾天聲援台灣參加ＷＨＡ。美國衛生部長阿札爾四月二十七日在與陳時中部長視訊對話時，也重申美國將持續全力支持台灣擴大參與世衛組織與全球衛生事務。

光靠美國的支持，台灣無法加入ＷＨＯ；但有越來越多的國家，無視中國壓力，為台灣發聲。

美國參、眾兩院外交委員會領袖，在五月八日大動作聯名致函歐洲、澳洲、印度等五十五國政府，呼籲支持台灣的國際參與，確保台灣能參加ＷＨＡ。

歐洲議會六十七位跨黨團議員，四月八日聯名致函歐洲聯盟外交和安全政策高級代表波瑞爾；加上德國國會六十位跨黨派議員，二日連署致函ＷＨＯ祕書長譚德塞，總計一百二十七位歐洲政要一致認為，台灣防疫值得學習，世衛組織長期將台灣排除在外，是歧視與不公，希望譚德塞秉持專業，邀請台灣加入年度世衛大會。

台灣從來沒有像二〇二〇上半年這樣，受到國際這麼多讚譽。陳時中帶領「抗疫國家隊」，從國內賽打到國際賽，厥功甚偉，讚聲也先從他開始。

日本《每日新聞》率先以「台灣鐵人大臣人氣沸騰」人物報導，稱許這位防疫有成的六十六歲「鋼鐵部長」；《朝日新聞》點出台灣防疫有成，關鍵是超前部署。

南韓《周刊朝鮮》以緊握拳頭的蔡英文總統作為封面，介紹台灣如何藉著防疫封鎖中國。

英國《每日電訊報》定位台灣防疫是「黃金級」的；《衛報》發出專文，指台灣儘管遭受中國打壓，當局卻能以高科技技術、全民健保，以及即時決策，成功防疫。

法國《世界報》稱讚台灣是對抗冠狀病毒的典範。

德國《每日鏡報》指台灣防疫迅速，值得各國借鏡。

美國《醫學會雜誌》認為，台灣防疫是保護公民利益的典範；《華爾街日報》評論台灣防疫，不但及早認知風險，更迅速採取行動，與中國和WHO忙著滅火完全不同。

澳洲《雪梨晨驅報》引述紐西蘭學者談話，指台灣成功降低確診數，將受到醫事人員的大力支持。

捷克布拉格市長呼籲他們的總理，向台灣學習防疫經驗。

以色列總理納坦雅胡在記者會中表示，將仿效類似台灣對抗武肺疫情的方法，以圍堵疫情擴散。

實收效益還包括，荷蘭自四月二十八日，將「荷蘭貿易暨投資辦事處」，改名為「荷蘭在台辦事處」。

蔡英文總統借力使力，發動 Taiwan can help 的「口罩外交」攻勢，以小搏大，用台灣口罩一日一千萬片，援助美國、十一個歐洲國家與友邦的醫護人員，擦亮台灣MIT的招牌。

美國白宮國安會在官方推特上，感謝台灣民眾在艱難時刻，給予美國慷慨的支持與合作。

義大利《晚郵報》更提到，台灣獨立於中國存在，比中國更為慷慨。

台灣「口罩外交」，民眾也發揮助力。當指揮中心開放民眾用「健保快易通」APP登記，將自身未領的口罩配額捐贈他國時，首日就獲得十二萬人的響應。

台灣人常講，一步一腳印。經過這次共同戰疫，台灣不再是沙灘上的足印，而是值得撿拾的貝殼。

附錄

Thank You

for medical personnel in Taiwan

抗疫大事記

2019年

十二月——中國湖北省武漢市出現不明原因個案，官方發布病例，最早發病日為十二月八日。

十二月三十日——武漢市中心醫院眼科醫生李文亮透過微信披露，華南海鮮市場確診七宗SARS病例。

十二月三十一日——中國向WHO通報武漢出現二十七名的肺炎病例。台灣疾管署以電郵方式發函提醒WHO。針對武漢直航入境班機進行登機檢疫。

2020年

一月一日——華南海鮮市場休市，進行環境衛生消毒。

一月七日——台灣將武漢旅遊疫情建議列為第一級「注意」。

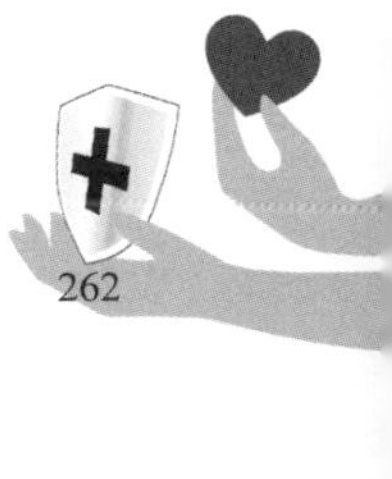

一月九日　中國官方公布病原體為新型冠狀病毒。

一月十三日　泰國公布首例武漢境外移入病例，為首例國外確診病例。

一月十五日　我國公告「嚴重特殊傳染性肺炎」為第五類法定傳染病。

一月十六日　日本公布首例武漢境外移入病例。

一月二十日　南韓公布首例武漢境外移入病例；中國其他省市首度報告武漢移入確診病例。

一月二十日　國內公布首例境外移入個案；美國報告首例境外移入個案，具武漢旅遊史。中央流行疫情指揮中心三級開設，由疾管署長周志浩擔任指揮官。新增擴大「嚴重特殊傳染性肺炎」通報對象，凡具中國旅遊史（不限武漢），且返台十四天內出現肺炎者，均須通報且加驗新冠狀病毒；自武漢入境班機仍維持登機檢疫，另新增在中、港、澳班機上，全面發放「旅遊疫情警示，主動健康申報」衛教單張。

一月二十一日　WHO評估明確發生人傳人且有持續性人傳人之可能性。

一月二十二日　交通部觀光局發函要求旅行業者不得組團去武漢，若損害國家利益者，將依法開罰。移民署自即日起暫停核發武漢旅遊團入境許可，並正式廢除一月底即將來台二十四個武漢旅遊團、四百二十九人的入境許可；原十團、共一百七十八人不予接待。

一月二十三日　武漢市及其周邊七個城市封閉；北京故宮三十年來首次暫停開放。
中央流行疫情指揮中心提升為二級開設，由衛福部長陳時中擔任指揮官。

一月二十四日　口罩禁出口。（泰國二月四日、韓國二月二十六日、法國三月三日、德俄三月四日）

一月三十日　WHO宣布將武漢肺炎列為「國際關注的突發公共衛生事件（PHEIC）」，但不建議實施旅遊及貿易限制。

一月三十一日　政府實施口罩徵購政策，將每片八元調整為六元。（法國三月三日）；行政院長蘇貞昌拍板定案，將由政府出資近兩億元，建立口罩生產線，評估四到五週後，國內口罩產量，將可達每日一千萬片。

＊　＊　＊

二月一日　中央流行疫情指揮中心再次修訂相關病例定義。

二月二日　高中以下延後開學兩週。（香港一月三十一日、韓國二月二十三日、日本三月二日、義大利三月四日）
禁止居住地在廣東的中國籍人士入境，有廣東旅遊史或經小三通返台者，一律居家隔離十四天。

二月三日　首批滯留武漢台人兩百四十七人，搭乘第一班包機返台。將中國浙江省溫州市列為二級流行地區，溫州人民禁止入境台灣，有溫州旅遊史民眾，列入居家檢疫對象，回台後必須居家檢疫十四天。

二月四日 — 中國杭州、鄭州兩個省會城市宣布「半封城」。

二月五日 — 將中國浙江省列為二級流行地區，凡設籍浙江省者，比照設籍湖北、廣東省陸客，全數禁止入境。

澳門宣布境內賭場全部停業十五天。

二月六日 — 口罩實名制上路，每人每週限購二片（韓國三月五日）；李文亮病故，享年三十三歲。

二月七日 — 針對十四日內曾經入境或居住於中國大陸的外籍人士，採取入境限制及簽證管制措施，曾入境或住在港、澳的外籍人士不在此限。

專家會議提出邊境檢疫新措施，決議入境前十四天內，曾停靠陸、港、澳地區港口郵輪，不得停靠台灣港口。

二月七日 — 暫停旅行社組團到香港、澳門地區旅遊，但不含中轉港、澳到其他地區。民眾若以自由行方式前往，返台後必須居家檢疫十四天。

二月八日 — 「寶瓶星號」中午返回基隆港，一百二十八名乘客經採檢送驗，均呈現陰性反應。

二月十日 — 暫停兩岸「大三通」，包括海、客運及直航航線、航班。

二月十一日　港、澳人士除商務履約、跨國企業內部調動、取得我國居留證之配偶及未成年子女等四類外，其他自即日起暫緩來台；港、澳生已持有有效入出境者均適用。

二月十二日　中央流行疫情指揮中心宣布取消陸委會開放中國籍配偶子女來台措施，決定以本國人優先。

二月十四日　國際旅遊疫情建議日本為第一級「注意」。

二月十五日　政府六十條口罩生產線陸續上線，六十六家民間製造廠全納入徵用。

二月十七日　台灣出現首起武漢肺炎死亡案例，即日起擴大三類採檢範圍，包括十四天內曾出國且有發燒或呼吸道症狀者、發燒或呼吸道症狀群聚感染、符合特定情況的肺炎病例。

二月十八日　將「鑽石公主號」列為新冠肺炎感染區，船上我國籍乘客如欲返國，必須依照指揮中心安排包機，並遵守相關隔離檢疫措施。

二月二十日　中國北京實施社區（小區）封閉管理，上海同步跟進，與其他重慶、天津等四大直轄市，全採封閉式管理。

二月二十一日　立法院三讀通過「嚴重特殊傳染性肺炎防治及紓困振興特別條例」。

二月二十二日　中央流行疫情指揮中心宣布，將日、韓旅遊疫情建議提升到第二級「警示」，與新加坡同級。

二月二十四日——血友病童及母親從中國成都返台。

二月二十七日——中央流行疫情指揮中心一級開設，指揮官仍由陳時中擔任。

二月二十九日——WHO將疫情全球風險級別，由「高」調至「非常高」。

＊＊＊

三月二日——口罩每人每週限購增為三片。

三月十日——華航、東航各派一架專機執飛，載送滯留武漢第二批國人返台，共計三百七十四位。

三月十一日——提升二十六個國家旅遊疫情建議等級，將荷蘭、比利時等八個歐洲國家和中東地區的巴林、科威特，提高到二級「警示」；希臘、葡萄牙等十六個國家，提升到第一級「注意」。

美國宣布禁止英國以外的歐陸國家，在未來三十天內入境美國；並針對全球發布第三級旅遊「警示」。

三月十二日——口罩實名制2.0版上路，民眾可透過網路購買。

三月十三日——立法院三讀通過「紓困條例」特別預算六百億元，包括防治經費一百九十六億元、紓困振興經濟經費四百零四億元。

WHO宣布，新冠肺炎全球大流行。

三月十七日　東歐、中東、中亞與北非共四十二國與地區，列入旅遊疫情第三級「警告」，國人應避免非必要旅遊；明知故犯者，將無法獲得防疫補償，且須加徵必要費用，確診者還會公布姓名。

三月十八日　中央流行疫情指揮中心宣布，包含日本、新加坡等亞洲十九國、東歐一國，及美國三州，自十九日起，提升至第三級旅遊「警告」，與全歐、亞同步，國人返台需配合居家檢疫十四天；並將取消上述地區的外國人免簽；若有特殊理由來台，需在外館取得簽證可入境。

三月十九日　限制非本國籍人士入境；已入境外國人若簽證到期，除非有重大不可抗力事由，否則不得延長在台停留期限。凡入境者一律居家檢疫十四天。

將美、加、紐、澳四國旅遊建議提升為第三級「警告」。

三月二十二日　中央流行疫情指揮中心公布最新裁罰基準，居家檢疫者離家罰十萬元，隔離者二十萬元，違規一次即須接受強制安置。

三月二十四日　全面禁止旅客來台轉機。

三月二十五日　室內一百人、室外五百人以上公眾集會活動建議停辦。

三月三十日　華航以「類包機」方式，從上海接回滯留武漢第三、四批共一百五十三名台人。

三月三十日　針對醫、護人員及其他非醫事人員、照護機構工作人員共計二千六百一十三人，進行擴大篩檢。

三月三十一日　建議室外維持一公尺、室內維持一．五公尺社交距離。

交通部長林佳龍宣布，搭乘大眾運輸工具，必須量體溫、戴口罩，才能進站和搭車。

中央流行疫情指揮中心放寬篩檢標準，未來只要肺炎，無論醫師是否認為疑似，一律採檢，也將味覺或嗅覺異常，列入通報定義。

＊＊＊

四月一日　擴大採檢對象，只要醫師認定有必要，就可進行篩檢。

台灣啟動一千萬片「口罩外交」。

四月三日　全面禁止民眾到醫院探病；家屬簽署手術同意書、病情惡化等醫療照顧需要情況，不在此限。

入境旅客凡有發燒、呼吸道症狀者，在機場採檢後，直接由防疫車隊送到集中檢疫所，採檢結果為陰性者才可返家。

四月四日　中央流行疫情指揮中心首次以國家級細胞廣告訊息示警，呼籲民眾勿前往墾丁、花東等十一個景點。

四月五日　富邦金控限制在清明連假期間，凡去過指揮中心點名十一個熱區之員工，即日起居家辦公十二天，創下業界首例。

四月六日　國內第一家幼兒園因出現確診案例而停課。

台師大出現兩名確診案例，各系所停課兩周，採取遠距授課。

針對清明連假期間出入熱門旅遊景點民眾，實施十四天自主健康管理；要求企業進行彈性上班、異地上班等規劃。

四月八日　武漢解封。

四月九日　開放寄送口罩給海外親人。

全國酒店和舞廳全面停止營業。

針對室內一．五公尺、室外維持一公尺距離，實施第一階段柔性勸說。

四月十四日　桃機第一航廈入境旅客人數首度掛0。

四月十八日　口罩實名制2.0上路。

四月二十日　華航「類包機」載送四百六十位國人返台。

四月二十一日　自東南亞返國者必須通報，家有老幼或慢性患者，一律入住防疫旅館。

立法院三讀通過「嚴重特殊傳染性肺炎防治及紓困振興特別條例」修正草案，將原六百億元紓困預算，提高為二千一百億元，得視疫情變化追加。

四月二十五日　居家隔離、檢疫者，可在嚴格條件下外出奔喪或探親，符合條件者，可向衛生單位提出申請。

四月二十九日｜持續延長「限縮兩岸航空」及「全面禁止旅客來台專機」政策。

＊　＊　＊

五月一日｜針對勞動節連假，交通部配合中央流行疫情指揮中心，匡列出一百七十五個人潮示警點，即時監控與預警，並管制停車場和車流。

中央流行疫情指揮中心宣布，有條件開放探視長照機構住民，採實名預約制，每名住民每日限開放一次，同一時間探視空間，最多限三名訪客（包含兒童在內），訪客與住民需全程配戴口罩。

五月七日｜高山型國家公園（玉山、太魯閣、雪霸）回復山屋原申請數量。

五月八日｜滯留武漢國人可自行返台，入境後需集中檢疫十四天；身分註記六月取消。

中華職棒例行賽，每場比賽開放一千名觀眾進場參觀。

五月九日｜指揮中心宣布醫院加護病房、安寧病房探病解禁。

五月二十七日｜「防疫旅行踩線團」開跑。

＊　＊　＊

六月一日｜雙鐵車內若保持社交距離一．五公尺以上，可開放飲食。端午連假取消站票和自由座禁令。

陳時中語錄

隔離者是人，不是豬！

陳時中說，不遵守居家隔離及檢疫者都會重罰，但畢竟隔離者是人、不是豬，希望社會鄰里幫忙他們所需。

■二〇二〇年二月十五日

＊＊＊

防疫期間，多用嘴，少用腳！

立法院討論「人與人之間應保持一公尺以上的距離」，陳時中呼籲立委：「防疫期間收起脾氣，多用嘴、少用腳！」

■二〇二〇年三月四日

＊＊＊

我不會天真到以為台灣可以避過！

北區醫院發生院內感染，國人擔心是否會發生社區感染。陳時中說，國際上出現無症狀感染者，在台灣也看到，雖然控制相對零星，但也不會天真到以為台灣這樣就會避過，能避過當然好。

■二〇二〇年三月四日

＊＊＊

中國講的大家都不相信，WHO從來不講話！

一位外國使節問陳時中：「你是指揮官，對於疫情什麼時候達到高峰，你的判斷是甚麼？」陳時中回答：「我實在沒有辦法判斷，因為我們可以看到疫情趨勢，但是沒辦法看到終點，所以很難預測未來。現在最有能力和資格，來預測未來疫情的有兩個，一是中國，因為案例最多，來龍去脈也最清楚，但是中國講的大家都不相信；另一個是WHO，因為專家和國際資料最齊全，可是偏偏WHO從來不講話。」

■二〇二〇年三月十三日

＊＊＊

哪喜花羞、臊酷酷，一定愛掛翠安！

陳時中錄製一段小叮嚀，全程用台語發音，呼籲民眾一定要勤洗手，人與人不要靠得太近，哪喜花羞、臊酷酷，一定愛掛翠安！

■二〇二〇年三月九日

＊＊＊

台灣地理位置好、運氣好、人也好，所以我們的防疫就變得比較好。

台灣防疫成果世所矚目，陸媒卻稱，是外媒炒作的結果。陳時中回答說：「台灣的地理位置好、運氣好、人也好，所以我們就變得比較好。用炒作這樣的形容，太沉重了！」

■二〇二〇年三月十三日

＊＊＊

母國不會拋棄你們！

陳時中溫馨喊話，希望民眾不要仇視留學生，或是前一段時間回國的人，要多用同理心去看待；但如果現在再出去，那被罵就沒話說了。（二〇二〇年三月二十日）

＊＊＊

一個不怕死、一個不識相！

王姓留美學生在高雄居家檢疫期間，竟找朋友到家裡開轟趴。陳時中不假辭色嚴斥：「居家檢疫者在家裡開趴，可以說一個不怕死、一個不識相！就跟你說這是居家檢疫，你還把朋友（找來），陷朋友於危險的情況，真是不識相！另外被請來的（朋友），也真是不怕死！這種狀況我們會嚴禁！」

■二〇二〇年三月二十五日

＊＊＊

我當牙醫的時候，也好奇病人有沒有裝假牙！

一名日本記者趕在台灣禁止外國人入境的前一刻抵台，自願進入防疫所隔離十四天，並將經歷寫成「台灣隔離日記」；未料卻遭自己國人痛批：「浪費台灣醫療資源，丟臉丟到國外！」倒是陳時中出面緩頰，以過去擔任牙醫師的經驗說：「像我當牙醫師的時候，就好奇病人有沒有裝假牙！」

■二〇二〇年三月二十五日

＊＊＊

中國不會有衛生部長坐在這裡，讓大家一直問！

記者在指揮中心記者會上提問：「有台商呼籲，中國疫情已經比歐、美減緩，是否仍然不用急著回來，以降低醫、護的壓力？」陳時中回答：「每一個國家國情不一樣、疫情公佈的程度也不一樣。像妳剛剛提到的那個國家（中國），就不會有衛生部長坐在這裡，讓大家一直問。」

■二〇二〇年三月二十五日

＊＊＊

住院不是住旅館！

一名財經大老的外籍媳婦，來台後確診為新冠肺炎患者，在負壓隔離病房住院期間，吵著要醫生買漢堡給她吃。陳時中在記者會上回應：「住院不是住旅館，要分清楚！……合理的要求我們盡量做，但不合理、甚至妨礙醫院秩序者，將依《醫療法》第二十四與一〇六條加重處分，不會將鬧事當沒事！」

■二〇二〇年三月二十七日

＊　＊　＊

脾氣不好的是我弟弟啦！

《自由時報》臉書粉絲專頁小編，在愚人節當天，在創辦人名為「余仁杰」的《自冉時報》上，以哥哥陳日土、弟弟陳寸中，作為封面故事的主角，標題寫著：「驚爆陳時中是雙胞胎，輪流上班難怪不累！」貼上網後不久，才告知這是個愚人節的玩笑。

小編後來以「查核報告」進行澄清，指陳時中其實只有一個姐姐，並非雙胞胎。之所以用這種方式表達，係因為體恤阿中部長，已連續七十天召開記者會，從來沒有休息過。

沒想到，真有記者在記者會上正經八百向陳時中提問。「我大部分時間還是很平和，有時候脾氣不好，大概都是我弟弟，我要替我弟弟，跟大家抱歉啦！」聽陳時中幽默以對，全場哄堂大笑。

■二〇二〇年四月一日

＊　＊　＊

愛多深、距離就有多遠！

清明連假前夕，陳時中呼籲：「愛有多深、距離就有多遠！」因此國人出遊，務必要保持社交距離——室外一公尺、室內一．五公尺，不然得戴上口罩。

■二〇二〇年四月二日

＊＊＊

不能讓人不自由，病毒卻很自由！

有外國學者比較台灣和中國大陸的防疫措施認為：「自由是對抗疫情的最佳解藥！」有記者請教陳時中對這句話的看法。他回答：「不能讓人不自由，病毒卻很自由！」

■二〇二〇年四月十八日

＊＊＊

每個人自覺和感覺不同，只要願意講就是對的！

磐石艦染疫，陳時中擔心社會獵巫，會影響疫調，盼社會發揮同理心。「台灣疫情能夠控制，靠的就是信任。每個人自覺狀況和感覺不同，只要願意講，就是對的！」

■二〇二〇年四月十二日

＊＊＊

感染者和接觸者都無罪！

感染者和接觸者都是無罪的，磐石艦引發社會不安，好像都是他們害的，但心慌無助於防疫。沒有人想生病，若社會對他們標籤化，講真話只會變得更困難。

■二〇二〇年四月二十二日

＊＊＊

有症狀就不讓乘客上機，無疑是拉了一條「謊言鍊」！

針對有症狀國人可以搭機返台一事，有人建議在登機前填寫「健康聲明書」。陳時中回答：「如果在上機前要求填報，有症狀就不讓乘客上機，無疑是拉了一條謊言鍊，反而讓防疫更加困難。」

■二〇二〇年五月八日

＊＊＊

寧願錯發，也不要漏掉一人！

政院擴大紓困，申請現金一萬元亂象叢生。陳時中呼籲，不要稱「紓困之亂」，應該說是「紓困之苦」。寧可錯發，也不要漏掉一人。

■二〇二〇年五月八日

＊＊＊

同理心是需要練習的！

「青春發言人」為國小學童舉辦的「部長部長請回答」記者會，邀約全台十一位國小同學代表提問。台北東門國小楊同學問到：「如果有人得了武漢肺炎被排擠了怎麼辦？」

陳時中回答：「在這次防疫裡面，我們共同對抗病毒，建議同學從小就開始學習同理心。同理心是需要練習的，要站在別人立場，來思考對方的情況，也試著幫他解決問題，這樣我們人跟人的關係就會更好，這也是在武漢肺炎事件中，我們可以學習的啦！未來我們的社會就會更好，這是要學的。」

■ 二〇二〇年五月十五日

從0到440（聯合報整理，部份修正）

有武漢旅遊史或居住史

- **案**1為五十五歲在中國武漢工作的**女台商**，一月二十日由武漢搭機返台，入境桃園機場時，有發燒、咳嗽、呼吸急促等症狀，登機檢疫時主動通報，由檢疫人員安排後送就醫，二十一日確診，**為台灣首例境外移入確診病例**，已於二月六日康復出院。出院時，肺部已纖維化，肺部功能永久損害。
- **案**2為五十多歲女陸客，有武漢旅遊或居住史，於一月二十一日入境，二十三日因發燒就醫，經檢驗後確診。
- **案**3為五十多歲男台商，一月二十一日自武漢搭機返台，從高雄入境，入境前即有發燒及上呼吸道等症狀，卻刻意隱瞞旅遊史，甚至在二十二日下午到金芭黎舞廳消費，直到二十三日到耳鼻喉科就醫時，才坦承有武漢活動史，於當日收治住院，二十四日確診。住院期間，採檢出現時陰、時陽反應，遲遲無法出院。後經連續三次採陰，才在四月十二日解離出院，**創下武漢肺炎確診病例住院最久紀錄**，長達八十一天。
- **案**4為五十多歲女性，一月十三日至十五日到武漢旅遊，未前往華南海鮮市場，也未出現明顯發燒症狀。二十二日開始咳嗽，二十五日咳嗽症狀加劇，自廣州返台，入境後主動通知機場檢疫，直接由機場後送至負壓隔離病房，二十六日確診，已痊癒出院。
- **案**5為中部五十多歲女台商，一月二十日從武漢搭機返台，二十五日出現發燒、肌肉痠痛等症狀就醫，二十七日確診，二月二十三日已康復出院。
- **案**6、**案**7為兩名七十多歲女性陸客，在一月二十三日武漢封城前一天抵台。案6於二十五日出現發燒症狀就醫，經醫院通報採檢後，二十八日確診。案7被匡列為接觸者，經採檢後於二十八日確診。

- **案9、10**案10為武漢台商，一月中旬返台十天後，出現咳嗽、流鼻水等輕症，因為沒有發燒，與當時通報定義不符，被診斷為一般感冒未通報；直到妻子確診後，防疫人員才趕緊採檢，於三十一日確診。該案已於二月十三日康復出院，**為第二位出院者**。

  案9為中部四十多歲婦人，遭在武漢工作的丈夫案10傳染，於一月二十七日出現咳嗽症狀就醫，三十日確診，三月三日已康復出院。為台灣第二例本土病例。
- **案11**為五十多歲男台商，二月三日晚間**搭乘首批武漢台商包機**返台，確診新冠肺炎，後已痊癒出院。
- **案12**為四十多歲男性，二〇一九年十二月至武漢工作，二〇二〇年一月十七日前往遼寧，二月二日返台，三日出現發燒、咳嗽、頭痛等症狀，四日就醫確診。後已痊癒出院。
- **案13**為二十多歲女性，長住武漢，一月二十一日自武漢經深圳返台，二月一日出現咳嗽、有痰及胸悶症狀，四日就醫確診。後已痊癒出院。

本土案例

- **案8**為案5的丈夫，五十多歲男性，一月二十六日出現咳嗽症狀就醫，二十八日確診，研判遭武漢返台的妻子傳染，**為台灣首例本土病例**，已於二月二十七日康復出院。
- **案19–23**案**為第一起由本土案例引發的家庭群聚感染**。

  19為中部六十多歲男性**白牌計程車司機**，平時載客以來自中、港、澳為主，短期無出國史。一月二十七日出現咳嗽症狀，當天曾與親屬聚餐，二月三日因呼吸急促赴醫院就醫，被診斷為一般肺炎，收治於負壓加護病房治療。二月十五日因肺炎合併敗血症死亡，**為台灣首例新冠肺炎死亡個案**。經鎖定一名一月二十二日自浙江返台台商，採血送台大醫院及中研院檢驗，確認其具武漢肺炎抗體，為感染源。浙江台商父親call-in至電視台喊冤，聲稱其子並未生病，遭指揮中心認定內容不實，已依法查處。

  案20–23分別為案19的弟弟、母親、外甥女婿和妹妹，疑在過年聚餐時感染。

- **案24–26為國內第二起家庭群聚感染**。

案24為北部六十七歲女性，近兩年無出國史，生活單純，不是在家看電視，就是在社區運動，偶爾會和朋友去唱卡拉OK，本身無慢性疾病。一月六日曾與小女兒從杭州來的同學接觸，但因時間過久，無法確定為感染源。婦人自一月二十二日開始發燒、咳嗽，曾三度到同一家診所、中間一度到大醫院就醫，分別診斷為感冒、A型流感陽性、急性支氣管炎，直到二十九日第三度前往診所就醫，才轉入醫院急診，被診斷為肺炎，隔天住院，二月一日流感呈陰性，但肺炎惡化，開始戴上氧氣面罩，十日呼吸急促插管，轉入加護病房，十七日轉入負壓隔離病房，經通報採檢，於十九日確診。經一個多月的治療後，案24才拔管解除隔離。

此案共計匡列兩百三十九名接觸者，採檢均呈陰性。婦人的長女雖曾與她密切接觸，但三次採檢均呈陰性。

案主的小女兒案26，四十多歲，與母親同住，分別於二月十日、十三日、十七日，因胃食道逆流，三度前往診所就醫，直到住進負壓隔離病房進行採檢，於二十一日採陽確診。

案24的外孫女案25，二十歲，被列為接觸者。於一月二十八日發生上呼吸道感染症狀，並未就醫；直到二月一日因為發燒到診所就診，但採檢呈陰性；四日、十一日有兩次診所的就醫紀錄。案24住院期間，案25曾於二月十二日前往探視；十九日住進負壓隔離病房採檢，於二十一日確診。

此起家庭群聚感染並未向外傳播，指揮中心在二月二十六日宣布結案，而案26也已於三月六日解除隔離。

- **案27–32為國內第三起家庭群聚感染**。

案27、28、29為父子三人，父親八十多歲，有高血壓、糖尿病、洗腎等病史，二月六日出現咳嗽、流鼻水等症狀，九日因為發燒診斷為肺炎收治住院，二十日懷疑是結核病轉負壓隔離病房，二十一日通報採檢，二十三日確診。治療期間，曾接受抗愛滋病及抗瘧疾藥物，仍併發敗血症休克死亡，為**國內第二例新冠肺炎死亡個案**。

案28為案27的長子，曾於一月三十一日出現發燒、流鼻水、喉嚨痛等症狀，二月四日就醫，八日急診，被診斷為肺炎，於十一、十八日兩次回診，二十一日通報採檢，二十三日確診，已於三月六日解除隔離。

案29為案27的小兒子，因工作頻繁往返中國，二〇一九年十二月二日返台，過年期間曾與來自中國的友人聚餐，因友人採檢為陰性，無法判定為感染源。

案29與案31為一對父子，因案27、30白天待在大兒子家、晚上與小兒子、孫子同住，因此引發群聚感染。

至於案32，為照顧案27的**非法女外籍看護**，三十多歲。

- **案34–38、41、42、45、46共9人，為國內首起院內感染事件。**

案34為北部五十多歲女性，有糖尿病、心血管疾病等慢性疾病。二月十四日因低血糖、全身倦怠就醫，並收治住院，當時並無呼吸道症狀；但自二十一日起，出現咳嗽、喉嚨痛及發燒等症狀，二十八日確診。指揮中心於三月三十日宣布，案34入院時已是末期心臟衰竭患者，肺炎症狀雖然改善，最後卻因為心律不整、心臟衰竭，於三月二十九日晚間病逝。

案41為案34的二十多歲長女，母親住院期間，曾兩度前往醫院陪病，曾與母親共餐、協助如廁、床邊交談。案34確診後，她被列為接觸者，自二月二十八日到三月二日住院隔離，兩次採檢呈陰性，後居家隔離。三月六日到八日咳嗽加劇，經追蹤採檢，於十日確診。

案46為案34的二十多歲兒子，曾在二月十四日、二十四日兩度前往醫院探視母親。由於案46出現症狀，已是距離接觸案34後的十四天，因此研判遭姊姊傳染的可能性高，屬於家庭群聚感染。

- **案35–38為案34確診前於北部某醫院之接觸者，包括一名清潔人員案35及三名護理人員案36、37、38。**

在案34確診後，指揮中心回溯針對其住院到確診十七天內同病房病患和家屬進行擴大採檢，追到案42和案45。案42在先生住院期間，曾於一月十七到二十四日到與案34同一層樓、不同病房陪病，先生採檢為陰性，她卻確診。指揮中心一度擔心，陪病家屬確診前是否已造成社區感染？因此大規模匡列四百零四位接觸者，共採檢二百八十九人。

細究案34與42並無關聯性，唯一交集是，案42曾與照顧案34的護理師案36短暫接觸，但該名護理師是否為感染源？最終仍無法判定。

案45為與案34為同一樓層、不同病室的病患，三名護理師並未直接照顧，或許曾短暫支援或照顧並無留下紀錄，導致接觸到病毒，仍有待調查；但推測案34與病室病毒量最高，初步推測案34為感染源；但案45如何被感染，也有待調查。

- **案43**為案39確診前的接觸者，北部五十多歲女性，近期無出國史，曾與案39同在插花班上課，且坐正對面，研判為案39引起的群聚事件。
- **案50**為中部五十多歲美國籍男性，獨自在台工作，二月二十四日曾接待四名來台的美國友人，友人離境後，出現冷顫、咳嗽、疲倦症狀，三月七日就醫後收治住院，十三日確診。指揮中心研判，其遭美國友人感染的可能性較高。
- **案92**為埃及旅遊團團員案71的家人，二十多歲男性，無症狀，三月十六日採檢，十八日確診。
- **案100**為南部二十多歲女性，無出國史，家人也無症狀。三月十二日開始喉嚨痛、發燒、咳嗽就醫，十六日持續發燒、咳嗽二度就醫，經診所醫師診斷為一般感冒，十七日呼吸困難再度就醫。儘管該案並無明確旅遊史或接觸史，但因長期發燒不退，醫師機警通報採檢，於十八日確診。至今感染源尚未釐清。
- **案103**、**130**為案59的高中同班同學，分別為一男一女，與案59座位鄰近。案103於三月十五日發病，十九日確診；案130於三月十七日出現乾咳症狀，二十日確診。該班累積有三例確診，該校自三月二十日到二十七日全校停課。
- **案124**、**160**、**168**、**169**、**186等五人，為中研院群聚感染**。

  案160為五十多歲男性，是案124的指導老師，三月一日至十日曾前往美國開會，返台後十四日頭痛就醫，二十日被匡列為案124的接觸者，並通報採檢，二十二日確診。研判是經他傳染給三名研究人員。

  案124為三十多歲男性，是中研院博士後研究員，短期無出國史，平日活動範圍多在物理所大樓，亦未參與防疫和疫苗研發工作。因曾與自美國返台的指導老師接觸，於三月十七日發病，二十日確診。

  案168、169為中研院研究員，分別是三十多歲德國籍男性，以及三十多歲奧地利籍女性，同時在三月十七日發病，二十二日確診。

  案186為案168同住接觸者，三月十七日發病，二十三日確診。
- **案134**為三十多歲女性，工作需面對民眾服務，接觸對象多是從國外返台者，短期無出國旅遊史，於三月十七日發病自行就醫，經採檢通報，於二十日確診，**感染源尚待釐清**。

- **156為首例長照護理師染疫個案**。案156為養護機構二十多歲護理師，三月十二日發燒未就醫，於十六日就醫後返家，二十日再行就醫，期間十三、十四兩日依然前往養護機構上班。經二十日就醫採檢後，二十二日確診，感染源待釐清，為**首例長照護理師染疫個案**。案156已於三月二十八日解除隔離。
- **案246**為六十多歲男性，無疑似症狀，經接觸自美返國的同住家人案209，經通報採檢，於三月二十六日確診。
- **案247**為自荷蘭返國案228之同住家人，四十多歲，女性。三月二十三日出現發燒、全身倦怠、咳嗽等症狀，經就醫採檢通報，於二十六日確診。
- **案268**為五十多歲男性，工作室老闆，無出國史，曾分別在二月二十八日、三月二日、十七、十八、二十日，分別因咳嗽、喉嚨痛或慢性病，多次到診所或醫院就醫，都被診斷為一般感冒，二十日因發燒就醫被收治住院，二十三日出院；返家後，又於二十五日出現發燒、呼吸急促、腹瀉等症狀，再次就醫，經醫院採檢通報，二十八日確診。前後發病長達三十天，感染源尚待釐清。
- **案269**、**299**案269為觀光局駐桃機三十多歲內勤員工，短期無出國史，三月二十日因接待自菲律賓返台的觀光局主祕之子案277，於二十三日出現肌肉痠痛、腹瀉及發燒等症狀，二十八日確診。案299為案269的五歲幼子，三月二十六日出現發燒症狀，三十日確診。歷經負壓隔離病房二十多天治療，父子倆兒三採陰，已於四月二十二日出院。
- **案289**、**293**案293在三月七日至十六日，跟團到西班牙及葡萄牙旅遊，返國後開始居家檢疫；太太案289先於三月二十二日、二十三日發病，二十九日確診。由於案289無出國史，疾管署研判，為近距離接觸案293的本土個案。
- **案307**曾與土耳其旅遊團案122聚餐，三月二十五、二十六、二十八日因胸悶、肌肉痠痛、發燒，曾分別至診所和醫院就醫，後診斷有肺炎，收治住院並行採檢通報，於三十一日確診。
- **案322**、**380**為**台師大**同寢室室友，二十多歲男性，無出國史。案322於三月二十六日出現發燒、咳嗽、嘔吐及全身倦怠等症狀，至診所就醫，因症狀持續，於二十九日到醫院就醫，診斷有肺炎收治住院，三十日採檢通報，三十一日確診，感染源尚待釐清。

案380無發病症狀，在案322確診後，被列為接觸者，三十日起居家隔離，四月六日由衛生單位安排採檢，九日確診。

- **案335**為五十多歲男性，曾因多日腹瀉不適到診所及醫院就醫，三月二十日與案291接觸，二十三日出現腹瀉、發燒、全身倦怠症狀，X光片顯示肺炎，二度就診未緩解，因得知案291確診，三十一日再度就醫並收治負壓隔離病房採檢，四月二日確診。二十四日疫情指揮中心證實，案335已轉重症，裝上葉克膜治療；而案291狀況良好。
- **案336**、**347**案333為五十多歲、北部某高級社區的**女保全**，平日騎機車上班，短期無出國史。三月十七日出現喉嚨痛、流鼻水、咳嗽等症狀，二十六日發燒就醫，直到二十九日仍正常上、下班，三十日回診，經診斷有肺炎收治住院，於發病十七天後、四月二日確診，為**國內第9例查無感染源之本土案例**。
案347為四十多歲女上班族，住在案336任職的另一社區，無出國史，曾於三月十九日、二十七日與案336洽談團購事宜二十分鐘，均未戴口罩，二十四日出現畏寒、發燒等症狀，曾兩度就診，但未緩解；三十一日再度就醫收治住院，經通報採檢，於四月三日確診。
- **案343**、**356**、**365**案365為四歲男童，是案343、356的孫子，**為台灣第五例兒童確診者**。
案343為六十多歲女性，短期無出國史，三人之中最早發病，於三月二十日出現咳嗽、流鼻水、全身痠痛等症狀，四月三日確診，研判被丈夫案356感染。
案356為六十多歲男性，二月二十三日至三月十七日在美國工作，雖符合回溯採檢條件，但因返國後並無不適症狀，直到妻子確診，才被匡列為接觸者。
案365與祖父母同住，三月二十五日曾出現發燒症狀，四月六日確診。與男童同住的父、母、弟弟採檢均呈現陰性。
- **案352**為四十多歲男性，平時獨自居住，活動地點以住家和工作地為主，因在三月二十一日曾與自美國返台的指導老師案301密切接觸，三月三十日和四月一日，曾分別因為發燒和味、嗅覺喪失，前後到診所和醫院三度就醫，當四月二日至醫院診治後被收治住院，經通報採檢後，於四日確診。

- **案379**為三十多歲**酒店女公關**，四月四日出現發燒、流鼻水症狀就醫，經醫院採檢通報，於八日確診。女公關第一時間不願意表露身分，僅聲稱為單純的家庭主婦；直到九日桃園衛生局出動女科員突破心防，進而開始追蹤接觸者。初步了解，案379曾於二月六日至九日赴柬埔寨旅遊，**感染源待釐清**。
- **案386**為二十多歲男性，為自美國境外移入案195之同住友人，有過敏症狀，於案195確診後列為接觸者，進行居家隔離，四月十二日確診。

境外感染

- **案14**、**15**、**17**、**18**為北部一對五十多歲夫婦，和兩名二十多歲兒子，一家四口一月二十二日自香港轉機至義大利旅遊，二月一日自香港轉機返台。夫婦與大兒子先後於一月二十六日至二十八日出現咳嗽症狀，分別於二月六日和八日確診。小兒子於二月九日確診，**是台灣首例「無症狀高病毒」感染者**。案17已於二月二十七日出院，案18於三月六日解除隔離。
- **案16**為四十多歲女性，一月二十一日至二十四日到澳門旅遊，二月一日出現發燒、寒顫、喉嚨痛、流鼻水、走路會喘等症狀，三日就醫，因不符通報條件返家，但症狀持續，五日再次就醫確診，三月一日康復出院。
- **案33**為北部三十多歲男性，於二月十七日至二十二日跟團至日本大阪旅遊，返國後二十五日出現咳嗽、喉嚨癢，二十六日至醫院急診，二十七日通報送驗，二十八日確診，**是首例日本境外移入個案**。
- **案39**為北部六十多歲女性，一月二十九日至二月二十一日跟團至杜拜、埃及旅遊，二月二十日在埃及出現喉嚨痛、咳嗽，二十一日返國後至診所就醫，二十六日咳嗽加劇，出現胸悶、肚子不適及嘔吐症狀，二十八日就醫採檢，二十九日確診。
- **案40為鑽石公主號旅客**，北部七十多歲女性，在日本曾確診隔離，經二次採陰，於二月二十六日搭機返台，直接由救護車載送至醫院進行隔離，經三次採檢後，驗出陽性反應。
- **案44**為北部三十多歲男性，於二月二十八日至三月三日與友人至菲律賓旅遊，三月二日在當地出現胃脹及腹瀉症狀，三日返國後因喉嚨乾、倦怠至診所就醫，四日至醫院就醫，經醫院通報採檢，五日確診。

- **案47**為南部三十多歲男性，三月二日至五日與兩名同事至荷蘭出差，返國後於九日出現微燒及乾咳情形，當日就醫，十日確診。
- **案48**為北部三十多歲女性，二月二十八日至三月八日獨自前往英國旅遊及訪友，九日因頭暈、頭痛等症狀至診所就醫，因出現微燒及輕咳狀況，十日至醫院就醫，十一日確診。
- **案49**為北部四十多歲女性，二月二十一日至愛爾蘭、比利時旅遊，曾經英國、土耳其轉機，三月八日返台，入境時無症狀，返家後頭痛、倦怠及喉嚨痛，十日至醫院就醫，十二日確診。指揮中心研判，該案返國後，除了到醫院外，都待在家中，同住家人也無疑似症狀，因此在國外感染的可能性較高。
- **案51**為三十多歲**荷蘭籍荷航男性副駕駛**，三月九日自荷蘭來台，十日入境，來台前曾赴奧地利、荷蘭，十一日晚間因呼吸困難、胸悶及全身倦怠，至醫院急診，十四日確診。
- **案52**為北部三十多歲本國籍男性，二月二十八日與兩名友人經土耳其轉機至瑞士，二十九日至法國滑雪，三月八日入境台灣，十二日晚間出現發燒、全身倦怠、咳嗽、流鼻水等症狀，十四日確診。
- **案53**為北部三十多歲本國籍男性，二月二十二日至三月六日赴德國慕尼黑、紐倫堡出差，十一日出現咳嗽有痰、喉嚨痛症狀，於當晚就醫，十四日確診。
- **案54**為北部三十多歲男性，二月二十八日至三月一日曾至泰國旅遊，返國後又於三月五日至八日與一名友人至日本北海道旅遊，向公司謊稱為國內旅遊。返國後於十一日出現流鼻水症狀，十二日因全身倦怠及頭痛等症狀就醫，經採檢通報，於十五日確診。
- **案55、63、71、101、111、140、161、162、226、92埃及旅遊團群聚，領隊加團員總計十人確診，其中一名團員還傳染給未出國的兒子案**92。

  案55為北部五十多歲**男領隊**，三月三日至十二日帶團前往埃及等地旅遊，返國當天，因全身倦怠、肌肉痠痛與發燒等症狀就醫，經通報採檢後確診，收治於負壓隔離病房，發現有肺炎，為新增個案中少數病況較為嚴重者。

案101為七十多歲男性，本身有糖尿病、高血脂等慢性病史，屬重症高危險群，三月十七日出現發燒、流鼻水、肌肉痠痛等症狀就醫，十九日確診後轉至隔離病房，二十日檢查出肺部浸潤出現呼吸窘迫情形，轉至加護病房治療，並未使用抗病毒藥物，而是使用細胞激素藥物IL6，後來還裝上葉克膜，最後無力回天，於四月九日病逝，**為國內第六例新冠肺炎死亡個案**。

案92為案71家人，二十多歲男性，無症狀，三月十六日採檢，十八日確診。

- **案56、57、65–70、73、81–83、94土耳其旅行團群聚，十三名團員和一名同班機接觸者，總計十四人確診**。

案56、57分別為北部四十多歲男性和七十歲女性；案65–67分別為南部兩名五十多歲女性和一名六十多歲男性；案68–70及案73為兩女兩男，年齡介於二十到六十多歲，分別居住在北部及中部；案81–83及案94為三女一男，年齡介於二十到五十多歲，參加三月四日至十三日土耳其旅行團染疫。

- **案122**與土耳其團同班機，六十多歲女性。
- **案307**因與案122聚餐，三月二十五、二十六、二十八日曾分別出現胸悶、肌肉痠痛、發燒等症狀，到診所或醫院就醫，經診斷有肺炎收治住院，經通報採檢，三十一日確診。
- **案58、64、80、213、276西班牙大學同校生**。

案64為北部二十多歲男性，二〇一九年八月底至西班牙就學，二〇二〇年三月十二日入境，十四日出現畏寒、流鼻水及眼睛癢等症狀，十五日至醫院就醫，經採檢通報確診。

案58為北部二十多歲女性，二〇二〇年一月至西班牙就學，三月十三日入境時，由機場採檢通報，十五日確診。

案64、80、213分別為二十多歲男性、二十多歲女性、二十多歲男性，自三月十四日至十六日陸續發病，於十六日、十八日、二十四日確診。

- **案59、103、130為首例高中生染疫，全台第一所停課學校**。

案59為北部**十多歲高中生**，一月與家人同遊希臘，三月五日學校延課兩個禮拜後才返校，十二日出現喉嚨痛、十三日出現咳嗽、流鼻水及頭痛等症狀就醫，十五日確診。因該案無補習班接觸史，但因出國時間較久，返台一個禮拜後才發病，期間課外活動多，接觸者也多，居家隔離者總計五十七人。

案103、130為案59的同班同學，一男一女，因與案59座位鄰近，分別於三月十五日、十七日發病，於三月十九日、二十日確診，所幸同學父、母均未染疫。由於該班有三例確診，全校自三月二十日至三月二十七日停課七天。

- **案60**為中部二十多歲女性，二月九日至三月十一日獨自赴義大利、希臘、德國旅遊，十二日入境，十四日出現發燒、畏寒及倦怠就醫，經通報採檢，十六日確診。她自述在德國入住青年旅館，同房旅客有人狂咳不止，又由於共用衛浴，對方未戴口罩，因此研判為感染源。

- **案61、72、104、108、338、341、359、360、363奧、捷旅遊團，領隊加上團員總計九人確診。**

案61、72為一對母、女，分別為五十多歲、七十多歲，於三月五日至十四日跟團到奧地利、捷克等地旅遊，與案104四十多歲女性，分別於三月十四日至十六日發病，三月十六日至十九日確診。

案108為奧捷團四十多歲男性**領隊**，三月十七日出現發燒症狀，十九日確診，二十九日晚間因嚴重肺炎病逝，**為國內第三例新冠肺炎死亡個案**。

由於該團十七人中，有六人確診，領隊不幸過世、母女檔又因重症住進加護病房，因此指揮中心緊急追蹤其他十一名團員，發現有兩人雖然無症狀，但肺部X光檢查竟出現肺部浸潤現象，可能早被感染，緊急安排住院採檢、治療。

另九名團員也立即接獲補採檢通知，其中案338、341為一對夫妻，太太案338於三月十四日出現咳嗽、腹瀉等症狀，但因平時有經常性咳嗽，並以為吃壞肚子，因此在居家隔離期間，即便關懷人員每天電詢，均未及時反映，直到三十日陪丈夫案341到心臟科回診，經醫師詢問接觸史，判定需要採檢，於四月二日確診；案341也曾在三月二十五日出現腹瀉症狀，四月三日確診。

案359、360、363均是接觸者，在回溯採檢時發現，除了案363無症狀之外，案359、360已有肺部輕微浸潤現象，三人於四月五日確診。

- **案62**為北部六十多歲女性，三月七日至十四日與另一名家人至菲律賓探親，十二日於菲律賓當地出現發燒、咳嗽、肌肉痠痛、後眼窩痛症狀，十四日入境後至醫院就醫，經採檢送驗，十六日確診。

- **案74**為南部三十多歲男性，二月二十五日至三月十日與七名親友至冰島自助旅遊，返國後於十四日出現牙痛、全身倦怠症狀，十七日確診。
- **案75**為南部二十多歲男性，二月二十三日至三月八日至德國旅遊，返國後出現症狀，曾在十三、十六日兩度就醫，於十七日確診。
- **案76**為北部三十多歲女性，三月一日至十二日與兩名友人至法國巴黎旅遊，十二日起出現喉嚨痛、流鼻水等症狀，十六日就醫，經採檢通報，十七日確診。
- **案77、143、144**案77為北部六十多歲女性，一月二十日自台灣經杜拜轉機至捷克旅遊，三月七日自捷克至美國紐約探親，十日開始發燒及腹瀉，十六日返國後就醫，十七日確診。
- 案143、144是一對夫妻，為案77的親人，因工作長住捷克，分別為五十多歲男性及三十多歲女性，三月十九日入境時在機場採檢通報，二十一日確診。
- **案78**為五十多歲男性，三月六日至十六日赴德國工作，十五日出現咳嗽、鼻塞症狀，十八日確診。
- **案79**為四十多歲女性，三月九日至十四日赴英國工作，十四日出現流鼻水、鼻塞症狀，十八日確診。
- **案84**、**216**案84為二十多歲法國籍男性，三月十二日來台旅遊，借住朋友案216家，十六日出現發燒症狀，十八日確診。
- 案216為北部三十多歲法國籍男性，**清華大學**研究生，原為案84接觸者，於居家隔離期間、三月二十日出現發燒、咳嗽等症狀，經安排就醫及採檢通報，二十四日確診。
- **案85**、**118**、**121**、**154**、**148**分別為兩到三十多歲女性及三十多歲男性，於三月五日至十六日赴美自助旅遊，其中案85於十四日發病，十八日確診。

案118無症狀、案121於十八日發病，兩人均在二十日確診。

案154於十六日發病，二十二日確診。

案148於一月二十四日至三月十五日到美國就學，返國時，與互不認識的案85，搭乘同班機，十八日發病，二十一日確診。

- **案86**為二十多歲男性，一月二十三日至三月十六日赴美國就學，三月十二日開始咳嗽，十六日入境時在機場被攔截採檢，十八日確診。
- **案87**為三十多歲男性，二月十日至三月十六日赴英國、義大利、法國工作及旅遊，十一日出現咳嗽、喉嚨痛症狀，十六日在機場採檢，十八日確診。
- **案88**為二十多歲女性，二月十四日至三月十六日赴西班牙研習，三月六日開始咳嗽、發燒、胸悶，十六日在機場採檢，十八日確診。
- **案89**為三十多歲女性，長住美國，三月十四日開始咳嗽、發燒、喉嚨痛，十六日入境時因為體溫高達三八．四度而採檢，十八日確診。
- **案90**為三十多歲男性，二月十四日至三月十六日赴西班牙工作及旅遊，三月六日開始咳嗽、喉嚨癢、流鼻水、打噴嚏，十六日在機場採檢，十八日確診。
- **案91**為三十多歲男性，二月二十七日至三月十六日赴英國、法國、西班牙自助旅行，三月八日開始咳嗽、鼻塞、喉嚨痛、流鼻水，十六日在機場採檢，十八日確診。
- **案93**為三十多歲女性，三月八日至三月十六日曾赴美國及卡達工作，三月十三日起出現背痛症狀，十六日在機場採檢，三月十八日確診。
- **案95**為二十多歲女性，與先生三月六日至三月十二日曾赴印尼峇里島自助旅行，三月十日開始喉嚨痛、耳朵痛和輕微咳嗽，十二日回台後一直到十四日，都待在旅店自主健康管理，之後返家，直到十六日就醫採檢，於十八日確診。
- **案96**為二十多歲女性，一月十三日至三月十五日赴英國就學，三月十五日至十六日在泰國轉機入境，七日開始發燒、咳嗽有痰、輕微鼻塞，十六日在機場採檢，十八日確診。
- **案97**為二十多歲男性，二月十一日至三月十五日赴瑞士就學，三月十五日至十六日在奧地利及泰國轉機，十四日開始發燒、畏寒、頭痛、喉嚨痛，十六日在機場採檢，十八日確診。

• **案98**為二十多歲女性，二月十六日至三月十六日赴法國就學，三月十三日開始喉嚨有痰、咳嗽、發燒、全身無力，十六日在機場採檢，十八日確診。

• **案99**為二十多歲女性，二月一日至三月十六日赴菲律賓工作，三月八日開始流鼻水、倦怠、喉嚨痛、腹瀉、鼻塞、咳嗽，十六日在機場採檢，十八日確診。

• **案102**為五十多歲女性，二月二十九日至三月十一日與非同住家人至美國參加商務活動，三月十一日入境時有輕微咳嗽，十六日自覺有發燒情形就醫，經通報採檢，十九日確診。

• **案105**為二十多歲男性，二〇一九年十二月二十四日獨自赴法國就學，二〇二〇年三月十七日返台，入境時因主動向檢疫人員通報喉嚨不適，機場檢疫站安排採檢通報後，由家人接送返家進行居家檢疫，十九日確診。

• **案106**為二十多歲男性，一月五日至三月十七日至西班牙遊學，三月十二日出現喉嚨癢症狀，入境時主動向檢疫人員說明症狀，安排採檢通報後，搭乘防疫計程車返回住所，進行居家檢疫，十九日確診。

• **案107**為五十多歲法國籍男性，三月十五日來台探親，入境後直接至防疫旅宿進行居家檢疫，十七日出現流鼻水症狀，十八日出現咳嗽症狀，十九日確診。

• **案109**為八十多歲男性，二月二十五日至三月七日跟團赴埃及旅遊，三月七日出現發燒、全身倦怠、流鼻水、鼻塞、咳嗽，自行就醫後，二十日確診。

• **案110**為三十多歲女性，二〇一九年十一月二十六日至二〇二〇年三月十六日赴英國、法國留學及旅遊，三月十六日出現胸悶、咳嗽症狀，十六日入境時，由機場檢疫站安排採檢通報後，二十日確診。

• **案112**、**318**為二十多歲女性，三月一日至十七日赴法國研習、旅遊，十三日出現喉嚨痛、流鼻涕、咳嗽有痰等症狀，十七日入境時由機場攔檢通報，二十日確診。

案318長期於法國就學，三月十七日入境，因與案112搭乘同班機返國，原列為接觸者，二十七日出現間歇性發燒、輕微喉嚨痛等症狀，二十八日由衛生單位安排就醫採檢，三十一日確診。

• **案113**為三十一多歲男性，二月二十三日至三月六日赴美國、墨西哥旅遊，三月十七日出現流鼻水、鼻塞症狀，自行就醫後，二十日確診。

- **案114**為一名十多歲**體育系男學生**，二月十六日至三月十五日赴西班牙、德國、英國參加體育賽事，三月十六日至十七日曾於法國轉機，十七日出現頭痛、鼻塞、眼睛痛症狀，二十日確診。
- **案115**為二十多歲女性，二月十九日至三月十五日赴波蘭遊學，三月十七日出現發燒、咳嗽、全身倦怠、喉嚨痛、流鼻水症狀，二十日確診。
- **案116**為二十多歲女性，二〇一九年九月十五日至二〇二〇年三月十七日赴英國就學，三月十二日出現咳嗽、有痰、鼻塞、流鼻水症狀，十八日入境時，經機場檢疫站安排採檢通報後，二十日確診。
- **案117**為四十多歲男性，二月二十三日至三月十日赴葡萄牙、西班牙旅遊，三月十四日出現腹瀉症狀，自行就醫後，二十日確診。
- **案119**為六十多歲男性，一月十五日至三月十一日赴美國探親，三月十三日出現喉嚨痛、鼻塞、流鼻水等症狀，自行就醫後，二十日確診。
- **案120**為二十多歲女性，二〇一九年八月二十六日至二〇二〇年三月十八日赴法國就學，三月十四日出現流鼻水、咳嗽有痰、喉嚨痛、全身倦怠等症狀，二十日確診。
- **案123**為四十多歲男性，三月八日至三月十八日赴新加坡、美國加州、日本東京洽公，三月十八日出現發燒、倦怠等症狀，二十日確診。
- **案125**為二十多歲女性，一月二十九日至三月十七日赴荷蘭、奧地利旅遊及工作，三月七日出現全身無力、鼻塞等症狀，十九日入境時，經機場檢疫站安排採檢通報，二十日確診。
- **案126**為三十多歲男性，三月四日至十六日赴加拿大旅遊，十六日出現乾咳，二十日確診。
- **案127**為二十多歲男性，二〇一九年九月十四日至二〇二〇年三月十四日到西班牙就學，三月十二日出現鼻塞等症狀，二十日確診。
- **案128**為二十多歲女性，二〇一九年八月至二〇二〇年三月十七日赴法國留學，二月二十二日至三月三日曾赴盧森堡、比利時、德國旅遊，三月五日出現喉嚨痛、咳嗽等症狀，十九日入境時，經機場檢疫站安排採檢通報，二十日確診。

- **案129、177**兩人為**華航機師**，男性，四十多歲，三月十一日至十八日赴美國工作。案129於三月十六日出現微燒、喉嚨癢症狀，十八日入境時，由機場攔檢通報，二十日確診。

  案177於三月十九日發病，於居家檢疫時發現，二十三日確診。
- **案131**為四十多歲女性，二月二十六日到三月九日跟團赴葡萄牙、西班牙旅遊，經杜拜轉機，三月十四日喉嚨痛，自行就醫後，十六日通報，二十日確診。
- **案132**為二十多歲女性，一月十八日到三月十八日赴菲律賓工作，三月十二日出現流鼻水、頭暈等症狀，十八日入境時，經機場檢疫站安排採檢通報，二十日確診。
- **案133、150**為一家人，分別為十多歲女性，與二十多歲男性。兩人在二月三日至三月十四日赴英國就學，其中案133在自主健康管理期間，於三月十八日出現頭痛、發燒、流鼻水等症狀，二十日確診。

  案150於三月十九日發病，二十一日確診。
- **案135**為二十多歲女性，長住美國，三月十八日出現咳嗽、流鼻水症狀，自行就醫後，二十日確診。
- **案136**為三十多歲女性，二月二十七日到三月八日跟團赴土耳其旅遊，三月八日出現咳嗽、流鼻水、有痰等症狀，自行就醫後，二十一日確診。
- **案137、145、195、386**三月五日至十九日一同赴美國自助旅行，均為二十多歲女性，分別於三月十四日、十六日及二十日發病。

  案137、145於三月十九日入境時，在機場採檢通報，二十一日確診。

  案195於居家檢疫時發現，二十三日確診。

  案386為案195的同住友人，二十多歲男性，有過敏症狀，於案195確診，被列為接觸者，進行居家隔離，四月十二日確診。
- **案138**為二十多歲男性，一月二十一日到三月十六日赴法國就學，三月十八日出現咳嗽、有痰等症狀，二十一日確診。
- **案139**為二十多歲女性，二〇一九年四月二十六日到二〇二〇年三月十四日赴英國就學，三月十七日出現喉嚨癢、咳嗽、發燒、肌肉痠痛等症狀，自行就醫後，二十一日確診。

- **案141**為二十多歲女性，二〇一九年九月十四日到二〇二〇年三月十九日赴英國就學，三月十七日出現流鼻水、咳嗽、頭痛、有痰等症狀，入境時，經機場檢疫站安排通報採檢，二十一日確診。
- **案142**為三十多歲女性，二〇一九年二月六日到二〇二〇年三月十九日赴英國教會服務，三月十三日出現咳嗽、有痰等症狀，十九日入境時，經機場檢疫站安排通報採檢，二十一日確診。
- **案145**為二十多歲女性，三月五日到十九日赴美國自助旅遊，十六日出現咳嗽、有痰等症狀，十九日入境時，經機場檢疫站安排通報採檢，二十一日確診。
- **案146**為五十多歲男性，三月九日到十八日赴南非工作，十八日開始發燒，自行就醫後，二十一日確診。
- **案147**為二十多歲印尼籍女性，三月十四日到十五日赴印尼參加婚禮，十七日出現咳嗽、腹瀉、頭痛等症狀，自行就醫後，二十一日確診。
- **案149**為七十多歲男性，三月九日到十四日跟團赴英國旅遊，十五日出現喉嚨癢、發燒等症狀，自行就醫後，二十一日確診。
- **案151**為**荷航荷蘭籍男性副機師**，三十多歲。三月十日到十四日赴荷蘭工作，八日出現咳嗽、胸悶、發熱、喉嚨癢等症狀，自行就醫後，二十一日確診。
- **案152**、**222-225**、**272**、**302英國同校生**。

  案152為二十多歲女性，二〇一九年七月到英國就學，二〇二〇年三月十五日出現喉嚨痛症狀，二十一日確診。

  案222-225為三名二十多歲女性及二十多歲男性，四人自三月十五日至十八日陸續發病，二十二日入境時，由機場攔檢通報，二十五日確診。

  案272為二十多歲男性，三月十九日發病，二十五日入境時，由機場採檢通報，二十八日確診。

  案302為二十多歲男性，曾一同聚餐，三月十六日返國後均無疑似症狀，被列接觸者，經通報採檢後，三十日確診。
- **案153**為二十多歲女性，二〇一九年十二月三十日到二〇二〇年三月十四日赴法國就學，三月十八日開始發燒，二十一日確診。

- **案155**、**333**為一對夫妻，於一月十四日至三月十四日同赴丹麥探親。案155為七十多歲男性，三月二十日出現肌肉痠痛、發燒、全身倦怠等症狀，X光片顯示有肺炎，於居家檢疫時發現，二十二日確診。案333於三月十五日出現喉嚨痛、頭痛、肌肉痠痛等症狀，二十日曾就醫採檢，結果為陰性；後因症狀持續，二十九日發燒，於居家隔離時發現，四月二日確診。
- **案157**為二十多歲男性，二月二十八日至三月十四日赴紐西蘭旅遊，三月十八日開始全身倦怠、胸痛及呼吸困難，自行就醫後，二十二日確診。
- **案158**為十多歲女性，一月十九日至三月十八日到美國就學，三月十八日出現咳嗽、有痰、微燒、頭痛及肌肉痠痛等症狀，X光片顯示有肺炎，自行就醫後，二十二日確診。
- **案159**為六十多歲男性，三月八日至十六日赴美國工作，十八日出現肌肉痠痛、流鼻水等症狀，X光片顯示有肺炎，自行就醫後，二十二日確診。
- **案163**為二十多歲女性，二〇一九年九月一日至二〇二〇年三月十八日到法國就學，十七日出現咳嗽、喉嚨痛症狀，於居家檢疫時發現，二十二日確診。
- **案164**、**305**案164為二十多歲女性，二月二日至三月十八日到菲律賓就學，三月十三日出現咳嗽、全身痠痛等症狀，於居家檢疫時發現，二十二日確診。案305於二月八日至三月十四日赴菲律賓探親，期間曾與案164密切接觸，三月二十四日出現喉嚨乾症狀，於居家隔離時發現，三十日確診。
- **案165**為二十多歲女性，二〇一九年十二月三十日至二〇二〇年三月五日到義大利就學，三月七日出現流鼻水、鼻塞症狀，於居家檢疫時發現，二十二日確診。
- **案166**為二十多歲男性，一月六日至三月十八日赴德國工作，三月十七日出現喉嚨痛症狀，於居家檢疫時發現，二十二日確診。
- **案167**為十多歲男性，一月九日至三月二十日到英國就學，三月十九日出現發燒、全身倦怠、咳嗽等症狀，二十日在機場通報採檢，二十二日確診。

- **案170**、**189**、**248**於三月十二日至二十日一同跟團到西班牙旅遊，截至三月二十六日共三人確診。案170、189為一對夫妻，分別於三月二十日及二十一日出現發燒、咳嗽等症狀，兩人均於三月二十三日確診。案170，為六十多歲男性，因肺部嚴重浸潤，多重器官衰竭，於三月二十九日晚間病逝。

  案248無症狀，經接觸者採檢後，三月二十六日確診。

- **案171**、**174**、**175**、**178**案171、174為職場同事，於一月十二日及二月二十五日至荷蘭工作，案171的兩名家人案175、178亦陪同前往，四人分別在三月七日及十日發病，於二十日入境時，經機場攔檢通報，四人均於二十三日確診。

- **案172**、**173**為一對夫妻，於二〇一九年十二月二十一日至法國工作與就學，分別於三月十六日及十八日發病，於二十日入境時，經機場攔檢通報，二十三日確診。

- **案176**為二十多歲男性，三月七日至十五日赴瑞士工作，十九日出現發燒、頭痛、頭暈等症狀，於居家檢疫時發現，二十三日確診。

- **案179**為二十多歲女性，一月十日至三月十七日到美國就學，三月二十日出現流鼻水、微燒等症狀，自行就醫後，二十三日確診。

- **案180**為二十多歲男性，二〇一九年十一月一日至二〇二〇年三月二十日到捷克工作，三月十五日開始有咳嗽、疲憊、發冷、肌肉痠痛等症狀，二十日在機場採檢，二十三日確診。

- **案181**為三十多歲女性，二月二十三日至三月二十日前往美國、日本旅遊，三月一日出現流鼻水、發燒、全身倦怠等症狀，二十日在機場採檢，二十三日確診。

- **案182**、**303**、**304**、**334**、**344**於三月七日至十九日一同到美國自助旅遊。

  案182、344為一對夫妻，太太案344，四十多歲，三月二十日陪同丈夫案182就醫，曾經採陰；三十日發燒就醫，收治住院，經通報採檢，於四月三日確診。

  案182為四十多歲男性，三月二十日微燒、喉嚨癢、咳嗽，於居家檢疫時發現，二十三日確診。

  案303於三月二十日出現發燒與嗅覺遲鈍等症狀；案304於三月二十六日出現流鼻水、微燒及嗅、味覺喪失等症狀。兩人均於居家隔離時發現，三十日確診。

案334於三月三十日出現輕微流鼻水、咳嗽等症狀，於居家隔離時發現，四月二日確診。

- **案183**為七十多歲女性，二月十八日至三月十六日前往法國、巴西、智利、祕魯旅遊，三月十八日開始微燒、咳嗽，於居家檢疫時發現，二十三日確診。
- **案184**為三十多歲女性，三月十三日至十九日前往美國處理個人事務，十九日開始有肌肉痠痛症狀，於居家檢疫時發現，二十三日確診。
- **案185**為二十多歲男性，二〇一九年八月八日至二〇二〇年三月二十日到英國就學，三月十四日開始有四肢無力、呼吸不順等症狀，於居家檢疫時發現，二十三日確診。
- **案187**為三十多歲女性，二月二十日至三月十九日赴英國工作，三月二十日出現頭痛、喉嚨痛、呼吸困難等症狀，於居家檢疫時發現，二十三日確診。
- **案188**為二十多歲女性，一月二十七日至三月二十一日曾赴英國工作，三月十四日出現發燒、頭痛、鼻塞等症狀，二十一日在機場通報採檢，二十三日確診。
- **案190**為二十歲女性，二月二十五日至三月二十一日赴美國工作，三月十九日出現咳嗽症狀，二十一日在機場採檢，二十三日確診。
- **案191**為二十多歲男性，一月九日至三月二十一日赴美國工作，三月十一日出現流鼻水症狀，二十一日在機場採檢，二十三日確診。
- **案192**為二十多歲女性，二〇一九年十月一日至二〇二〇年三月十八日到美國就學，二月二十二日出現肺炎、咳嗽、發燒、流鼻水、頭痛等症狀，自行就醫後，三月二十三日確診。
- **案193**為三十多歲男性，三月三日至十九日赴英國工作，十六日出現咳嗽、喉嚨癢等症狀，於居家檢疫時發現，二十三日確診。
- **案194**為二十多歲女性，二月五日至三月十九日赴美國工作，三月十六日出現咳嗽、流鼻水、全身倦怠症狀，於居家檢疫時發現，二十三日確診。

- **案196**為五十多歲美國籍男性，三月七日自美國離境前往德國、保加利亞、泰國，二十日來台，當天出現發燒、咳嗽、呼吸喘等症狀，在機場採檢發現，二十四日確診。
- **案197、202、350**案197、202為一對夫妻，於三月八日至十八日赴美國探親，十九日出現發燒、喉嚨癢、有痰等症狀，自行就醫後，於二十四日確診。案197因多重器官衰竭，於五月十日死亡，**為第七例死亡案例**。
案350為三十多歲男性，三月十二日至十八日到美國工作，返國時因與案197、202搭同班機，被列為接觸者，要求居家隔離，無須採檢。三十日出現輕微腹瀉，並在隔離最後一天出現輕微胸悶，因案主平常喝牛奶會拉肚子，加上又吸菸，因此未在意症狀，並未主動通報，直到隔離期滿當天凌晨，自行開車到附近醫院就醫，於四月四日確診。
- **案198**為二十多歲女性，二〇一九年十月四日至二〇二〇年三月十九日到愛爾蘭就學，三月二十一日出現腹瀉、全身痠痛、咳嗽、喉嚨痛、流鼻水等症狀，於居家檢疫時發現，二十四日確診。
- **案199**為二十多歲男性，一月八日至三月十九日到義大利、德國、比利時、英國旅遊，三月二十日出現頭暈、全身倦怠等症狀，於居家檢疫時發現，二十四日確診。
- **案200**為二十多歲女性，一月十八日至三月十九日到英國就學，三月十九日出現胸悶、有痰等現象，於居家檢疫時發現，二十四日確診。
- **案201**為三十多歲女性，二月二十五日至三月十七日赴愛爾蘭工作，三月十九日出現流鼻水、鼻塞症狀，於居家檢疫時發現，二十四日確診。
- **案203**為三十多歲男性，二月十六日至三月二十一日赴法國工作，三月十六日出現發燒、頭痛、喉嚨痛、流鼻水、全身無力等症狀，在機場採檢發現，二十四日確診。
- **案204**為二十多歲女性，一月二十六日至三月二十一日到英國就學，三月十六日開始發燒，在機場採檢時發現，二十四日確診。
- **案205不滿五歲女童**，三月十一日至十九日和母親到土耳其參加員工旅遊，回台後在居家檢疫期間發燒，二十四日確診。

• **案206**為二十多歲女性，一月八日至三月二十日到英國就學，三月十六日出現喉嚨痛、流鼻水、鼻塞及嗅覺、味覺喪失症狀，在機場採檢發現，二十四日確診。

• **案207**為二十多歲非本國籍航空公司女性空服員，三月六日至二十日赴美國工作返台，十六日出現頭痛、鼻涕倒流及嗅、味覺喪失等症狀，在機場採檢時發現，二十四日確診。

• **案208**為三十多歲女性，一月三十日至三月十九日居住英國倫敦，三月十九日至二十日在日本轉機，九日開始咳嗽、流鼻水、鼻塞，在機場採檢時發現，二十四日確診。

• **案209**、**246** 案209為六十多歲女性，一月九日至三月十九日赴美國探親，三月二十日開始咳嗽、微燒，於居家檢疫時發現，二十四日確診。

• 案246為案209的同住家人，六十多歲男性，無疑似症狀，被列為接觸者，經採檢後於二十六日確診。

• **案210**、**233** 案210為二十多歲女性，二〇一九年八月到英國就學，二〇二〇年三月二十日出現發燒、胸悶、胸痛、頭痛症狀，於居家檢疫時發現，二十四日確診。

案233為二十多歲女性，二〇一九年十二月到英國就學，二〇二〇年三月二十三日開始發燒、咳嗽、鼻塞、四肢無力，於居家檢疫時發現，二十五日確診。兩人返國前，曾在三月十三日至二十日一起同遊英國，並一同返國。

• **案211**為印尼籍四十多歲男性，三月二十二日來台工作，首日便開始發燒，當日在機場採檢時發現，二十四日確診。

• **案212**為三十多歲女性，因工作關係長居美國，三月十九日開始發燒，於居家檢疫時發現，二十四日確診。

• **案214**為二十多歲男性，一月一日至三月二十日前往英國就學，三月二十日至二十日於日本轉機，十一日開始發燒、咳嗽有痰，二十日在機場採檢時發現，二十四日確診。

• **案215**為十多歲女性，一月二十三日至三月二十二日到美國就學，三月二十三日開始有發燒、肌肉痠痛、咳嗽等症狀，於居家檢疫時發現，二十四日確診。

• **案217**為十多歲男性，一月十日至三月十五日到英國就學，三月二十日出現流鼻水症狀，於居家檢疫時發現，二十五日確診。

- **案218**、**254**於二〇一九年八月至美國就學，分別為二十多歲女性及男性。案218於三月十七日出現喉嚨痛、咳嗽、流鼻水、呼吸困難、肺炎症狀，於居家檢疫時發現，二十五日確診。案254曾於三月五日至十九日探訪案218，二十日發病，二十四日入境時，經機場通報採檢，二十七日確診。
- **案219**為二十多歲男性，二月二十日至三月十八日赴美國工作，三月二十二日出現發燒、全身無力等症狀，於居家檢疫時發現，二十五日確診。
- **案220**為三十多歲女性，二月七日至三月二十二日到英國求職，三月十九日出現發燒、肌肉痠痛、流鼻水、忽冷忽熱等症狀，在機場採檢時發現，二十五日確診。
- **案221**為二十多歲男性，在二〇一九年八月十三日至十二月二十日及二〇二〇年一月一日至三月二十二日期間到英國就學，三月十八日出現喉嚨痛、咳嗽、鼻塞、流鼻水等症狀，在機場採檢時發現，二十五日確診。
- **案227**為三十多歲女性，一月十四日至三月二十二日居住於英國，三月十五日出現全身痠痛、發燒、喉嚨痛、咳嗽、肺炎症狀，在機場採檢時發現，二十五日確診。
- **案228**、**247**為二十多歲女性，一月二日至三月十七日到荷蘭就學，三月二十日出現發燒、輕微流鼻水、輕微咳嗽、肺炎等症狀，於居家檢疫時發現，二十五日確診。案247為案228同住家人，四十多歲女性，三月二十三日出現發燒、全身倦怠、咳嗽症狀，經就醫採檢通報後，三月二十六日確診。
- **案229**為三十多歲美國籍男性，三月四日至十八日來台工作，二十日出現發燒、咳嗽、全身倦怠、肌肉痠痛等症狀，於居家檢疫時發現，二十五日確診。
- **案230**為十多歲女性，一月五日至三月二十日到美國就學，三月二十二日出現發燒症狀，於居家檢疫時發現，二十五日確診。
- **案231**為十多歲女性，二〇一九年十二月二十八日至二〇二〇年三月十九日到美國就學，三月二十二日出現喉嚨癢、發燒、頭痛等症狀，於居家檢疫時發現，二十五日確診。

- **案232**為二十多歲女性，**是一名國航空服員**，三月八日至十一日飛往美國，十五日又飛至印尼，十六日返台，由於屬於自主健康管理對象，因此十七日曾到公司上班、十九日亦曾外出，只有十八、二十兩日待在家中；二十二日出現發燒、喉嚨痛、全身倦怠等症狀，自行就醫後，於二十五日確診。
- **案234**為二十多歲女性，二〇一九年十二月五日至二〇二〇年三月二十日赴法國工作，三月十八日出現發燒症狀，於居家檢疫時發現，二十五日確診。
- **案235**為二十多歲男性，二月三日至三月二十日到比利時、土耳其、泰國就學，三月二十三日出現咳嗽症狀，於居家檢疫時發現，二十五日確診。
- **案236**為二十多歲女性，二〇一九年八月二十八日至二〇二〇年三月十九日到捷克就學，三月二十三日出現發燒、腹瀉等症狀，於居家檢疫時發現，二十六日確診。
- **案237**為五十多歲男性，二月十九日至三月十九日到美國、聖地牙哥、智利、南極、阿根廷、卡達旅遊，於泰國轉機，三月二十日出現肌肉痠痛、頭痛等症狀，於居家檢疫時發現，二十六日確診。
- **案238**為三十多歲男性，二〇一八年六月二十七日至二〇二〇年三月二十三日到英國就學、工作，三月十二日出現咳嗽、流鼻水、肌肉痠痛等症狀，在機場採檢時發現，二十六日確診。
- **案239**為二十多歲女性，二月十六日至三月二十三日到英國就學，三月十一日出現發燒、咳嗽等症狀，在機場採檢時發現，二十六日確診。
- **案240**、**361**案240為三十多歲女性，二〇一九年七月七日至二〇二〇年三月二十三日到美國工作，三月十三日出現喉嚨癢、咳嗽、發燒、畏寒等症狀，在機場採檢發現，二十六日確診。
案361為案240同班機接觸者，三十多歲女性，三月五日至二十三日赴美國探親，二十八日開始流鼻水、鼻塞、發燒、嗅覺遲鈍，在居家隔離時發現，四月五日確診。
- **案241**為四十多歲女性，二〇一九年八月二十八日至二〇二〇年三月二十三日到英國工作，三月二十三日出現喉嚨癢、咳嗽等症狀，在機場採檢時發現，二十六日確診。
- **案242**為二十多歲男性，一月十二日至三月二十三日到英國就學，三月十七日出現咳嗽、流鼻水症狀，在機場採檢時發現，二十六日確診。

‧**案243**為二十多歲女性，二〇一九年八月二十三日至二〇二〇年三月二十日到美國就學，三月十六日出現流鼻水、鼻塞、味覺喪失等症狀，於居家檢疫時發現，二十六日確診。

‧**案244**為三十多歲男性，三月六日至二十日到紐西蘭旅遊，十六日出現發燒、全身倦怠、喉嚨痛、頭痛、流鼻水等症狀，在機場採檢時發現，二十六日確診。

‧**案245**為二十多歲女性，一月十三日至三月十七日到英國就學，三月十八日出現咳嗽、發燒、呼吸急促等症狀，於居家檢疫時發現，二十六日確診。

‧**案249**為六十多歲男性，三月二日至十六日到馬來西亞、菲律賓工作，十六日出現倦怠、咳嗽、全身痠痛、發燒、肺炎等症狀，自行就醫後，二十六日確診。

‧**案250**、**288**、**357**於三月十日至二十二日跟團赴摩洛哥旅遊。案250為三十多歲女性，二十日出現體溫偏高、喪失嗅覺等症狀，於居家檢疫時發現，二十六日確診。

‧案288為二十多歲男性，三月二十三日出現發燒、咳嗽等症狀，居家檢疫時發現，二十九日確診。

‧案357為五十多歲女性，三月二十五日開始發燒，X光顯示為肺炎，居家隔離時發現，四月五日確診。

‧**案251**為六十多歲男性，二〇一九年十一月二十六日至二〇二〇年三月二十日到澳洲和墨西哥旅遊，三月二十三日出現喉嚨痛、發燒等症狀，於居家檢疫時發現，二十六日確診。

‧**案252**為二十多歲男性，一月十三日至三月二十日到英國就學，三月十九日出現咳嗽、流鼻水、喉嚨痛、鼻塞等症狀，在機場採檢時發現，二十六日確診。

‧**案253**為五十多歲女性，二月十八日至三月二十四日到美國工作，三月十四日出現發燒、腹瀉、眼癢、胸痛等症狀，在機場採檢時發現，二十七日確診。

‧**案255**為三十多歲男性，二月二十六日至三月二十四日曾赴美國探親，三月八日出現發燒、咳嗽有痰、全身痠痛、無力症狀，在機場採檢發現，三月二十七日確診。

‧**案256**為三十多歲男性，二月二日至三月十八日到美國工作，三月二十二日出現喉嚨癢症狀，於自主健康管理期間發現，二十七日確診。

- **案257**、**258**、**300**、**315**為英國同校生。案257於三月十日發病，二十四日入境時，經機場通報採檢後，於二十七日確診。

案258於三月二十二日入境，進行居家檢疫，二十三日發病，由衛生單位安排就醫採檢，於二十七日確診。

案300於三月二十二日入境時，並無不適症狀，二十五日才出現發燒、呼吸喘等症狀，三十日確診。

案315返國前，曾與案258、300接觸，三月二十二日入境時，並無不適症狀，二十五日出現咳嗽、失去嗅覺等症狀，三十一日確診。

- **案259**、**331**、**355南美旅遊團旅客**。

案259為六十多歲女性，三月二十五日出現發燒、喉嚨痛等症狀，在機場採檢時發現，二十七日確診。

案331為六十多歲男性，三月二十八日出現全身倦怠、喉嚨乾等症狀，居家隔離時發現，四月二日確診。

案355為六十多歲女性，因與案259、331同團，被列為接觸者，無疑似症狀，居家隔離期間，由衛生單位安排就醫採檢，四月四日確診。

- **案260**為四十多歲男性，三月八日至二十日到美國工作，十七日出現咽喉不適、輕度頭痛、咳嗽等症狀，於居家檢疫時發現，二十七日確診。
- **案261**為六十多歲女性，二月二十二日至三月二十三日到菲律賓工作，三月二十四日出現微燒、咳嗽有痰等症狀，於居家檢疫時發現，二十七日確診。
- **案262**為三十多歲男性，一月十四日至三月二十五日到英國就學，三月十六日出現喉嚨痛及癢、鼻塞等症狀，在機場採檢時發現，二十七日確診。
- **案263**為三十多歲男性，一月十四日至三月二十三日到澳洲工作，三月二十日出現發燒、咳嗽、腹瀉等症狀，在機場採檢時發現，二十七日確診。
- **案264**、**267**為一對夫婦，三月八日至二十五日前往英國洽公，陸續於二十日、二十三日出現喉嚨癢、咳嗽、輕微流鼻水等症狀，二十五日入境時由機場通報採檢，二十七日確診。

- **案265**為十多歲女性，二〇一九年九月二日至二〇二〇年三月十五日到美國就學，三月十二日出現發燒症狀，於居家檢疫時發現，二十七日確診。
- **案266**為三十多歲男性，一月十八日至三月二十日到英國工作，三月二十四日出現發燒、全身倦怠等症狀，於居家檢疫時發現，二十七日確診。
- **案269、277、299、284**案277為**觀光局主祕之子**，二十多歲，二〇一九年十二月十五日起在菲律賓工作，三月一日到三日因血尿、發燒、喉嚨痛等症狀，在菲律賓當地住院三天，經抗生素、類固醇治療後，身體狀況有所好轉，在返台入境時並無症狀。疫調第一時間標示發病日為三月一日，後改為二十二日，二十八日確診。

  案269為三十多歲男性，為觀光局駐桃園機場內勤員工，短期無出國史，三月二十日接待自菲律賓返台的案277，與觀光局主祕三人，於機場內喝咖啡半個小時，二十三日出現肌肉痠痛、腹瀉及發燒等症狀，二十八日確診。

  案299為案269的五歲兒子，二十六日出現發燒症狀，三十日確診。指揮中心推測，案269可能與277互相傳染。

  案284於一月三十一日到三月二十日赴菲律賓工作，於三月二十日返國，因與案277搭乘長榮BR－282同班機，二十五日出現小腿肌肉痠痛、發燒、喉嚨痛等症狀，於二十九日確診。
- **案270**為二十多歲女性，一月二日至三月二十五日到英國就學，三月二十五日出現咳嗽有痰、流鼻水等症狀，在機場採檢時發現，二十八日確診。
- **案271**為二十多歲女性，二〇一九年七月五日至二〇二〇年三月二十五日到英國就學，三月十二日出現全身無力、咳嗽、喉嚨乾、失去味覺及嗅覺、流鼻水等症狀，在機場採檢時發現，二十八日確診。
- **案273**為六十多歲女性，二月二十六日至三月十三日到西班牙旅遊，三月二十日出現失去嗅覺、輕微咳嗽等症狀，於居家檢疫時發現，二十八日確診。
- **案274**為三十多歲男性，三月六日至十五日到倫敦、瑞士工作，十八日出現喉嚨癢痛、咳嗽、失去味覺及嗅覺等症狀，於居家檢疫時發現，二十八日確診。
- **案275**為四十多歲女性，三月二日至六日到澳洲工作，十三日出現流鼻水、失去嗅覺、輕微咳嗽等症狀，自行就醫後，二十八日確診。

- **案278**為五十多歲男性，三月二日至十四日到捷克工作，二十三日出現咳嗽、喉嚨痛等症狀，於居家檢疫時發現，二十八日確診。
- **案279**為十多歲女性，一月五日至三月十九日到美國就學，三月二十日出現咳嗽、發燒等症狀，於居家檢疫時發現，二十八日確診。
- **案280**為二十多歲男性，二〇一九年九月十四日至二〇二〇年三月二十六日到加拿大就學，三月十九日出現流鼻水、咳嗽有痰、鼻塞等症狀，在機場採檢時發現，二十八日確診。
- **案281**為十多歲女性，一月三十一日至三月二十六日曾到美國就學，三月二十日出現發燒、有痰症狀，在機場採檢發現，二十八日確診。
- **案282**為二十多歲女性，二月一日至三月二十六日到愛爾蘭就學，三月二十日出現發燒、鼻塞、咳嗽、失去味覺等症狀，在機場採檢時發現，二十八日確診。
- **案283**為二十歲女性，三月四日至二十三日到美國工作，二十四日出現失去嗅覺及味覺症狀，於居家檢疫時發現，二十八日確診。
- **案285**為三十多歲男性，三月九日至十六日到美國工作，十九日出現腹瀉、肌肉痠痛、咳嗽等症狀，自行就醫後，於二十七日通報衛生單位，二十九日確診。
- **案286**為三十多歲女性，三月八日至十七日跟團到土耳其旅遊，二十三日出現發燒、全身倦怠無力、咳嗽等症狀，於居家檢疫時發現，二十九日確診。
- **案287**為三十多歲男性，二〇一九年十二月十九日至二〇二〇年三月二十六日到英國就學，三月十九日出現發燒、疲倦症狀，在機場採檢時發現，二十九日確診。
- **案290**、**291**、**335**案290、291為一對夫妻，**旅行社經營者**。

案291於三月十日至十四日赴印尼自由行，返國後在家自主健康管理，於二十二日出現症狀，二十六日開車前往就醫，經通報採檢，二十九日確診。

案335為台北市五十多歲旅行社男主管，三月二十日曾與案291喝咖啡一個小時，二十三日出現腹瀉、發燒、全身倦怠症狀，X光片顯示有肺炎，二度就診並未緩解，因得知案291確診後，三十一日再度就醫，收治於負壓隔離病房，經通報採檢，四月二日確診。四月二十四日疫情指揮中心證實，案335轉為重症，已裝上葉克膜；至於案291狀況良好。

- **案292**為十多歲女性，一月三十一日至三月十九日到美國工作，三月二十二日出現咳嗽、頭痛、冒冷汗、發燒等症狀，居家檢疫時發現，二十九日確診。
- **案293**、**289**案293為四十多歲男性，於三月七日至十六日跟團至西班牙及葡萄牙旅遊，返國後開始居家檢疫，與太太案289分別於三月二十二日、二十三日發病，二十九日確診。由於案289短期並無出國史，疾管署研判，為近距離接觸之本土個案。
- **案294**、**321**於二月九日至三月二十日一同到瑞士工作。案294為二十多歲女性，於三月二十五日出現喉嚨痛、鼻塞等症狀，居家檢疫時發現，二十九日確診。

  案321為二十多歲男性，二十日返國後，雖無不適症狀，但因案294確診，加上之前瑞士工作場所，又有當地人出現發燒症狀，於是在二十九日經衛生單位安排至醫院採檢，三十一日確診。
- **案295**為六十多歲男性，三月十四日至十九日到英國旅遊，二十二日出現咳嗽、喉嚨痛、發燒症狀，居家檢疫時發現，二十九日確診。
- **案296**為二十多歲女性，二〇一九年十二月三十日至二〇二〇年三月二十七日到西班牙、突尼西亞、法國就學，二月十五日出現發燒、咳嗽、喉嚨痛、腹痛、嘔吐等症狀，在機場採檢時發現，三月二十九日確診。
- **案297**為十多歲男性，二〇一九年九月一日至二〇二〇年三月二十七日到法國就學，三月二十三日出現發燒、咳嗽、喉嚨痛、全身倦怠、肌肉痠痛、流鼻水、鼻塞、頭痛等症狀，在機場採檢時發現，二十九日確診。
- **案298**為三十多歲男性，三月七日至二十七日到法國工作，十八日出現發燒、全身倦怠、頭痛、結膜充血、流鼻水、鼻塞、肌肉痠痛、腹瀉、嗅味覺喪失等症狀，在機場採檢發現，二十九日確診。
- **案301**、**352**案352為四十多歲**商店經理級男店員**，平時獨居，活動地點以住家和工作地為主。三月三十日與四月一日，曾因發燒及味、嗅覺喪失，曾三度至診所和醫院就醫，於四月二日就醫後收治住院，四日確診。**為首例本土個案中同時喪失味覺和嗅覺的病患**。

該案原本查無感染源，後經疫調發現，案352曾於三月二十日與實踐大學兼任教師案301，一起喝咖啡一個小時。案301為三十多歲男性，二月二十日至三月二日曾到美國旅遊，三月六日出現咳嗽症狀，曾到診所就醫，但被診斷為一般感冒；後因陸續出現發燒、頭痛、氣喘等症狀，才又在二十八日到醫院就醫，於三十日確診。

- **案306**為三十多歲男性，三月十一日至十九日跟團到埃及旅遊，二十日出現咳嗽、腹瀉、喉嚨痛等症狀，於居家檢疫時發現，三十日確診。
- **案308**為四十多歲男性，三月一日至二十日到泰國、菲律賓工作，二十二日出現胸悶、肌肉痠痛、咳嗽等症狀，於居家檢疫時發現，三十一日確診。
- **案309**為三十多歲女性，一月二十七日至三月二十八日在英國工作，三月十五日出現鼻塞、喉嚨不適、頭痛等症狀，在機場採檢時發現，三十一日確診。
- **案310**為二十多歲女性，二〇一九年九月十九日至二〇二〇年三月二十八日到英國就學，期間於二〇一九年十二月二十日至三十一日曾到芬蘭、冰島旅遊，三月十五日出現發燒、流鼻涕、咳嗽等症狀，在機場採檢發現，三十一日確診。
- **案311**為三十多歲女性，三月一日至二十八日到英國、冰島自助旅遊，二十四日出現流鼻水、鼻塞、失去嗅覺等症狀，在機場採檢時發現，三十一日確診。
- **案312**為三十多歲女性，二〇一九年九月三十日至二〇二〇年三月二十八日到英國工作，三月二十二日失去嗅覺、味覺，並有輕咳、有痰等症狀，在機場採檢時發現，三十一日確診。
- **案313**為四十多歲女性，二〇一九年六月十九日至二〇二〇年三月二十八日在英國工作，三月二十二日喪失味、嗅覺，並出現倦怠症狀，在機場採檢時發現，三十一日確診。
- **案314**為二十多歲男性，一月十八日至三月十八日到美國就學，三月十二日出現咳嗽、喉嚨痛、發燒等症狀，於居家檢疫時發現，三十一日確診。

- **案316**為二十多歲男性，二月二日至三月十六日到美國工作，三月二十八日出現流鼻水、頭痛、全身無力等症狀，於自主健康管理期間發現，三十一日確診。
- **案317**為六十多歲男性，二月十七日至三月十八期間，台、美兩地來回居住，三月二十六日出現咳嗽、有痰等症狀，於自主健康管理期間發現，三十一日確診。
- **案319**為三十多歲男性，二〇一八年十月一日至二〇二〇年三月二十九日到英國工作，三月一日出現咳嗽、呼吸道症狀，在機場採檢發現，三十一日確診。
- **案320**為三十多歲女性，二月二十八日至三月二十九日到英國就學，三月十七日出現咳嗽、流鼻水、喉嚨痛等症狀，在機場採檢時發現，三十一日確診。
- **案323**為二十多歲男性，一月六日至三月十九日到英國就學，三月二十三日出現喉嚨痛、癢等症狀，居家檢疫時發現，四月一日確診。
- **案324**為二十多歲女性，二〇一九年九月十六日至二〇二〇年三月二十五日到美國就學，三月二十七日出現流鼻水、鼻塞、嗅覺不靈敏等症狀，居家檢疫時發現，四月一日確診。
- **案325至329、346、364、370、371、376、381、394華航CI011班機，十二人確診，被喻為「最毒班機」**。

  案325、329與友人到美國自助旅遊，與到美國就學或工作的案326、327、328等五人，是最早確診的五例，均是在機場採檢時發現，於四月一日確診。

  案346為二十多歲女性，赴美就學，在入境前已發病，未在機場採檢，擅自返家進行居家檢疫，直到三月二十五日出現症狀，四月一日通報採檢，於三日確診。

  案370、371為一家人，與在美國工作的案364，四月六日確診；留學生案376與案370、371一同返國，於七日確診；另一名留學生案381，於十日確診；赴美探親的案394，十五日確診。上述六人都是在居家隔離時發現。
- **案330**為二十多歲男性，三月十四日至十八日到美國工作，二十八日出現咳嗽、喉嚨痛、肌肉痠痛、發燒等症狀，居家檢疫時發現，四月二日確診。
- **案332**為十多歲男性，三月六日至三十日到英國就學，二十五日發燒、出現味覺及嗅覺喪失，在機場採檢時發現，四月二日確診。

- **案337**為十多歲男性，二〇一九年九月六日至二〇二〇年三月二十六日到英國就學，三月二十六日出現腹瀉、喉嚨痛、味覺及嗅覺喪失等症狀，居家檢疫時發現，四月二日確診。
- **案339**為五十多歲男性，一月二十九日至三月三十一日到印尼工作，三月二十三日出現發燒、味覺及嗅覺喪失等症狀，在機場採檢時發現，四月二日確診。
- **案340**為二十多歲男性，一月九日至三月十七日到丹麥、英國就學，三月二十八日出現發燒、畏寒、頭暈、全身倦怠等症狀，居家檢疫時發現，四月三日確診。
- **案342**為三十多歲女性，一月八日至三月二十四日到英國工作，三月三十日出現咳嗽、流鼻水、發燒等症狀，居家檢疫時發現，四月三日確診。
- **案345**為三十多歲男性，三月九日至二十日到泰國工作，二十八日出現嗅覺喪失症狀，居家檢疫時發現，四月三日確診。
- **案348**為二十多歲女性，一月二十六日至四月一日到美國就學，三月十九日出現嗅覺喪失症狀，在機場採檢時發現，四月三日確診。
- **案349**為二十多歲男性，二月十四日至三月十五日到瑞士就學，三月十六日出現喉嚨痛、嗅覺異常等症狀，居家檢疫時發現，四月四日確診。
- **案351**為二十多歲女性，一月二日至三月二十日到德國就學，三月二十六日出現鼻塞、失去嗅覺等症狀，居家檢疫時發現，四月四日確診。
- **案353**為三十多歲女性，二〇一九年五月八日至二〇二〇年三月二十六日到英國工作，三月二十七日出現流鼻水、頭痛、全身無力、倦怠、微燒等症狀，居家檢疫時發現，四月四日確診。
- **案354**為三十多歲女性，二〇一九年十月十八日至二〇二〇年四月二日到美國工作，三月二十七日出現腹瀉、全身倦怠、喉嚨痛、流鼻水、咳嗽、發燒、胸痛等症狀，在機場採檢時發現，四月四日確診。
- **案356**為本土案例案343的丈夫，六十多歲男性，二月二十三日至三月十七日至美國工作，四月五日確診。

- **案358**、**388**為一對夫妻，一月十三日至四月二日到英國探親。丈夫案358，四十多歲，三月二十七日出現喉嚨痛、發燒、咳嗽、有痰等症狀，在機場採檢時發現，四月五日確診。太太案388，四十多歲，四月二日抵台後，居家檢疫期間，出現味、嗅覺喪失，於三日就醫通報採檢，十二日確診。
- **案362**為五十多歲男性，二月二十九日至三月十六日到美國工作，三月十八日發燒，出現味、嗅覺異常，在自主健康管理時發現，四月五日確診。
- **案366**、**367**為英國同校生，於二〇一八年十一月八日至二〇二〇年四月二日赴英國就學。案366為三十多歲女性，四月二日開始咳嗽、嗅覺喪失；案367為二十多歲男性，四月四日開始咳嗽、全身倦怠、疼痛、腹瀉，兩人均於居家檢疫時發現，六日確診。
- **案368**為二十多歲女性，二〇一九年九月三日至二〇二〇年四月四日赴英國就學，三月二十七日開始喉嚨痛，在機場採檢時發現，四月六日確診。
- **案369**為四十多歲男性，二月二十三日至四月四日赴印尼工作，三月二十三日開始發燒，在機場採檢時發現，四月六日確診。
- **案372**、**373**為家人，於三月六日至三月二十日赴英國、冰島自助旅遊。案372為三十多歲女性，四月一日開始流鼻水、鼻塞、味覺及嗅覺異常；案373為三十多歲男性，四月三日開始流鼻水、鼻塞、嗅覺喪失，兩人均於居家檢疫時發現，六日確診。
- **案374**為二十多歲男性，二〇一九年九月十一日至二〇二〇年三月二十九日赴英國就學，入境後返家進行居家檢疫，四月四日起出現腹瀉、咳嗽、流鼻水、嗅覺遲鈍等症狀，五日主動通知衛生單位安排就醫採檢，七日確診。
- **案375**為二十多歲女性，二月二十五日至三月二十七日赴法國探親，期間曾至英國、荷蘭、比利時旅遊，返國後進行居家檢疫，陸續於三月三十日至四月二日出現鼻塞、喉嚨不適、失去嗅覺、微喘、發燒、腹瀉等症狀，四月三日聯繫衛生單位後就醫採檢，七日確診。

- **案377**為二十多歲女性，二〇一九年十月二十六日至二〇二〇年三月二十二日前往西班牙就學，入境後進行居家檢疫，三月二十三日出現喉嚨乾痛及腹瀉等症狀，未就醫，自行服藥。四月四日地方政府追蹤個案健康狀況時，該案表示持續有流鼻涕、鼻塞、輕微腹瀉、胸背痛等情形，經就醫採檢後，於八日確診。
- **案378與382**為夫妻，於二月十六日至三月二十九日前往印尼探親。太太案378，六十多歲，返國後進行居家檢疫，四月一日出現咳嗽症狀，四日就醫，經診斷有呼吸困難、發燒、全身倦怠無力及肺炎等情形，當日收治住院，五日由醫院採檢通報，八日確診。

  丈夫案382，六十多歲，因妻子確診，被列為接觸者，進行居家隔離。返國之後一直無症狀，四月七日經衛生單位安排採檢，十日確診。
- **案383**為六十多歲男性，長期在美工作，三月三十一日出現胃部不適、食慾不佳、發熱等症狀，曾於當地就醫。四月十日入境，主動申報有不適症狀，由機場採檢通報，十一日確診。
- **案384、393旅居美國三十年的夫妻檔。**

  丈夫案384，七十多歲，四月三日出現咳嗽有痰症狀，十日入境，主動申報不適，由機場採檢通報，十一日確診。太太案393，六十多歲，三月二十九日咳嗽、有痰，四月一日腹瀉，卻聲稱因喝牛奶才導致腹瀉。四月十一日入境，疾管局接獲家屬通報，立即加以註記，未料她卻早一步登機。待抵達機場後送醫採檢，十三日確診。由於兩夫妻自二月底後，就未曾見面，應是在美曾接觸同一位確診個案。
- **案385**為二十多歲女性，於法國就學，四月三日入境後進行居家檢疫，四日出現流鼻水、鼻塞症狀，七日發燒，當日由衛生單位安排就醫採檢，十一日確診。
- **案387**為四十多歲男性，二月二十日前往美國工作，三月二十五日出現咳嗽、喉嚨痛等症狀，自行服藥未就醫，四月十日返國，於機場採檢時發現，十二日確診。
- **案389至392為珊瑚公主號郵輪旅客**，兩女兩男，年齡介於五十至六十多歲。

  案389至392與另三名親友總共七人，於二月十五日至美國、祕魯、玻利維亞、巴西及智利等地旅遊，三月五日從智利登上珊瑚公主號郵輪，在海上漂流多日，四月四日上午停靠美國佛羅里達州邁阿密港，當時船上有十二名旅客及十名船員確診，並有三名旅客死亡。指揮中心七日接獲外交部告知，船上有七名我國籍旅客，將搭乘郵輪公司安排的包機到英國，再轉乘我國籍班機返台。七人於四月十一日入境，有五人聲明有疑似症狀，經採檢後，其中四人確診住院隔離，其餘三人雖檢驗為陰性，但持續集中檢疫，待解除隔離前三採確認。

- **案395**為二十多歲女性，一月二十三日至美國就學，四月四日出現咳嗽、鼻塞、流鼻水及嗅覺喪失等症狀，十三日返國，於入境時主動申報，經機場採檢通報，十五日確診。
- **案396至399、案401至420、案423至429、案433至436、438共36例，為磐石軍艦實習生及軍人，三十三男三女，年齡介於二十多歲至四十多歲，感染源待釐清。**

案396至399、案401至420共二十四例，最早發病日為四月一日，其餘二十三例發病日介於四月十一至十九日，其中七例無症狀，有症狀者以咳嗽、嗅味覺異常等居多，十八至十九日陸續確診。

案423至429共七例，於四月二十一日至二十五日陸續確診，皆為一次採檢結果陰性、二次採檢陽性。

五月三日磐石艦新增四人確診，為案433至436；四日新增一人，為案438，五人均無症狀。其餘磐石艦成員344人檢驗陰性，於五月四日晚間七時解除隔離。

案396於四月十二日發病，十五日下船後返家自行就醫，十七日再次就醫，由醫院採檢通報。案397於四月初開始發病，返家後於十七日就醫，並經採檢通報。案398於四月十三日發病，十七日自行前往醫院急診，就醫後採檢通報，三人均在十八日確診。

- **案400**為二十多歲男性，二〇一九年四月二十一日前往美國就學，二〇二〇年四月十日發病，十七日抵台時機場採檢，四月十九日確診。
- **案421**於一月十六日赴加拿大就學，四月十三日出現咳嗽有痰症狀，四月十九日返國入境時，由機場採檢通報，四月二十日確診。
- **案422**於一月十一日赴美國就學，一月十四日至三月十五日曾前往西班牙，三月八日出現呼吸困難、喉嚨痛及腹痛等症狀，並於美國當地就醫，四月十八日自美國返國入境時，主動聲明曾有不適症狀，由機場採檢通報，二十日確診。

- **案430**為六十多歲女性，二月二十二日獨自由台灣前往澳洲旅遊，三月二十四日自澳洲前往日本，四月九日起反覆出現發燒、咳嗽、嘔吐症狀，三十日返國入境時主動申報，由機場檢疫人員採檢通報，五月二日確診。
- **案431與432**為一對夫婦，分別為三十多歲女性及四十多歲男性，二月十一日至塞內加爾工作，並陸續於四月二十六日、二十七日出現全身倦怠及咳嗽等症狀，兩人五月一日返國入境時因仍有咳嗽症狀，由機場檢疫人員採檢通報，五月二日確診。
- **案437**為三十多歲女性，一月三十日至美國就學，四月九日入境時無症狀，居家檢疫期間，因同班機旅客案383確診，十一日改列為居家隔離對象，十五日出現流鼻水症狀，認為是過敏而未通報，隔離期滿後，於二十七日主動聯繫衛生單位，表示有流鼻水、鼻塞症狀，就醫採檢結果呈現弱陽性，三十日收治於負壓隔離病房，又於四月三十日、五月一日及二日採檢送驗，四日確診。
- 案383為六十多歲男性，長期於美國工作，三月三十一日出現胃部不適、食慾不佳並自覺發熱，曾於美國當地就醫，四月十日入境，因主動申報有不適症狀，由機場採檢通報，四月十一日確診。
- **案439**為三十多歲女性，二〇二〇年一月至英國工作，四月二十六日返國，返國當天即有鼻塞、倦怠症狀，入境時主動申報後，由機場檢疫人員採檢並送至集中檢疫所，因檢驗結果為陰性，二十七日由檢疫所安排入住防疫旅館。個案居家檢疫期間持續有流鼻水、鼻塞，且出現味覺異常症狀，五月四日就醫採檢，六日確診。
- **案440**為二十多歲女性，二〇二〇年二月下旬至卡達工作，三月八日出現喉嚨痛、流鼻水與失去味覺等症狀，三月十日於卡達確診，四月八日二採陰性治療結束後，返回宿舍隔離至四月二十二日。個案五月三日入境時無症狀，因主動告知曾於卡達確診，由機場檢疫人員採檢後，送至集中檢疫所，四日檢驗陰性後，搭乘防疫專車返家居家檢疫。個案返家當日即出現腹瀉症狀，五日就醫採檢，七日確診。

群聚案例

- **海軍軍艦實習生**：案396至399、案401至420、案423至429、案433至436、438

- 珊瑚公主號旅客：案389至392
- 長期旅美夫婦：案384、393
- 印尼返國夫妻：案378與382
- 英國、冰島自由行：案372、373
- 英國同校留學生：案366、367
- 英國探親夫妻：案358、388
- 美國返台家庭群聚：案343、356、365
- 北部社區保全：案336、347
- 美國返台CI011班機：案325至329、346、364、370、371、376、381、394
- 台師大同寢室室友：案322與案380
- 美國移入接觸者：案301、352
- 瑞士工作同行者：案294與案321
- 印尼自由行群聚：案290、291、335
- 西班牙返國夫妻：案289、293
- 觀光局員工：案269、277、284、299
- 英國工作夫妻：案264、267
- 南美旅遊團：案259、331、355
- 英國同校留學生：案257、258、300、315
- 摩洛哥旅行團：案250、288、357
- 三月二十三美國返台同班機：案240、361
- 荷蘭移入同住家人：案228、247
- 美國訪友：案218、254

- 英國同行友人：案210、233
- 美國移入同住家人：案209、246
- 美國探親夫妻：案197、202、350
- 5人美國自由行：案182、303、304、334、344
- 法國工作夫妻：案172、173
- 荷蘭工作：案171、174、175、178
- 西班牙旅遊團：案170、189、248
- 菲律賓群聚：案164、305
- 丹麥探親夫妻：案155、333
- 英國校園群聚：案152、222-225、272、302
- 美國自由行群聚：案137、145、195、386
- 英國同行家人：案133、150
- 美國工作同事：案129、177
- 中研院群聚：案124、160、168、169、186
- 法國返台同班機：案112、318
- 4人美國自由行：案85、118、121、154
- 法籍研究生：案84、216
- 捷克赴美探親：案77、143、144
- 奧地利、捷克旅遊團：案61、72、104、108、338、341、359、360、363
- 北部高中群聚：案59、103、130
- 西班牙同校學生：案58、64、80、213、276
- 土耳其旅遊團：案56-57、65-70、73、81-83、94、122

- 埃及旅遊團：案55、63、71、101、111、140、161、162、226
- 埃及旅遊史婦人：案39、43
- 院內感染：案34－38、41、42、45、46
- 北部老翁：案27－32
- 北部婦人：案24－26
- 白牌車司機家族：案19－23
- 遊義大利一家人：案14、15、17、18
- 武漢男台商：案9、10
- 女性陸客：案6、7
- 武漢女台商：案5、8

走過採訪戰役

黃光芹

十七年前SARS過後，有受難者家屬輾轉找到我，希望我出書記錄這場災難。當時由於忙於通告，我一口就回絕了。

十七年來，我一直引以為憾；因此當SARS的堂兄弟又來搗蛋，我就決定彌補當初那個遺憾。

從三月開始，我南北奔波，密集採訪，直到五月中截稿，約訪了六十幾個人。截稿前三個禮拜，我把自己關在自家頂樓，每天「居家寫疫」，靠著堅強的意志力，完成這本台灣戰疫史。

這是有史以來，我寫得最好的一本書，摒棄口述整理、而採調查採訪方式，內容精彩，相當具有可讀性。

人與土地22

戰疫：鐵人部長陳時中與台灣抗疫英雄們

作　者—黃光芹
主　編—李筱婷
企　劃—江季勳
封面設計—魏綾鴻

董事長—趙政岷
出版者—時報文化出版企業股份有限公司
一〇八〇一九台北市和平西路三段二四〇號七樓
發行專線—（〇二）二三〇六—六八四二
讀者服務專線—〇八〇〇—二三一—七〇五
（〇二）二三〇四—七一〇三
讀者服務傳眞—（〇二）二三〇四—六八五八
郵撥—一九三四四七二四時報文化出版公司
信箱—10899 臺北華江橋郵局第 99 信箱
時報悅讀網—http://www.readingtimes.com.tw
時報出版愛讀者—http://www.facebook.com/readingtimes.fans
法律顧問—理律法律事務所　陳長文律師、李念祖律師
印刷—勁達印刷有限公司
初版一刷—二〇二〇年六月五日
定價—新台幣三八〇元

時報文化出版公司成立於一九七五年，
並於一九九九年股票上櫃公開發行，於二〇〇八年脫離中時集團非屬旺中，
以「尊重智慧與創意的文化事業」爲信念。

戰疫：鐵人部長陳時中與台灣抗疫英雄們 / 黃光芹著 . -- 初版 . -- 臺北市：時報文化, 2020.06
面；　公分 . --（人與土地）

ISBN 978-957-13-8218-0(平裝)

1. 陳時中 2. 臺灣傳記

783.3886　　109006916

ISBN 978-957-13-8218-0
Printed in Taiwan